03/17
12.00

D0707793

Wit.   .wn from Collection

...tion

LES CENT PLUS BEAUX POÈMES QUÉBÉCOIS

Les cent plus beaux poèmes québécois

Une anthologie préparée par Pierre Graveline

BIBLIO • **FIDES**

En couverture : René Derouin, *Caniapiscau* (détail), Série Or et Sel, 2007 ;
dessin et collage sur papier, 105 x 74 cm (Collection de Réjean Gaudreau)
© René Derouin / SODRAC (2013)
À l'intérieur : René Derouin, *Anticosti* (détail), Série Or et Sel, 2007 ;
dessin et collage sur papier, 105 x 74 cm (Collection de l'artiste)
© René Derouin / SODRAC (2013)

Conception de la couverture : Bruno Lamoureux
Mise en pages : Marie-Josée Robidoux

Tous les efforts ont été faits pour rechercher les ayants droit des textes contenus
dans cet ouvrage. Malgré tout, certains ayants droit n'ont pu être identifiés ou
rejoints. Ils sont invités à communiquer avec l'éditeur.

*Catalogage avant publication de Bibliothèque et Archives nationales du
Québec et Bibliothèque et Archives Canada*

Vedette principale au titre :
Les cent plus beaux poèmes québécois

Nouv. éd.
(Biblio-Fides)

ISBN 978-2-7621-3134-5 [édition imprimée]

1. Poésie québécoise. I. Graveline, Pierre, 1952- . II. Titre.

PS8295.5.Q8C45 2013   C841.008'09714   C2011-942695-1
PS9295.5.Q8C45 2013

Dépôt légal : 2ᵉ trimestre 2013
Bibliothèque et Archives nationales du Québec

© Groupe Fides inc. pour la présente édition (présentation et choix des
œuvres), 2013. Tous droits réservés en tous pays et en toutes langues par les
maisons d'édition et les auteurs concernés.

La maison d'édition reconnaît l'aide financière du Gouvernement du Canada
par l'entremise du Fonds du livre du Canada pour ses activités d'édition. La
maison d'édition remercie de leur soutien financier le Conseil des Arts du
Canada et la Société de développement des entreprises culturelles du Québec
(SODEC). La maison d'édition bénéficie du Programme de crédit d'impôt pour
l'édition de livres du Gouvernement du Québec, géré par la SODEC.

Imprimé au canada en septembre 2016

À Gaston Miron et Hélène Dorion
Pour ces amitiés dont j'ai la nostalgie

Un peuple de poètes

D'Émile Nelligan à Gaston Miron, de Jovette Bernier à Hélène Dorion, en passant par les Martine Audet, Michel Beaulieu, Claude Beausoleil, Marie-Claire Blais, Jacques Brault, Nicole Brossard, Paul Chamberland, Leonard Cohen, Denise Desautels, Lucien Francœur, Robbert Fortin, Madeleine Gagnon, Saint-Denys Garneau, Roland Giguère, Gérald Godin, Alain Grandbois, Anne Hébert, Gilles Hénault, Gilbert Langevin, Paul-Marie Lapointe, Rina Lasnier, Fernand Ouellette, Pierre Perrault, Yves Préfontaine, Élise Turcotte, Marie Uguay, Michel van Schendel, Gilles Vigneault et Louise Warren, pour n'en nommer que quelques-uns, les écrivains québécois ont créé au fil de notre histoire littéraire une poésie d'une diversité, d'une qualité et d'une richesse remarquables.

Cette poésie est aujourd'hui lue, récitée, appréciée et reconnue dans le monde entier. On ne compte plus les langues étrangères dans lesquelles elle est traduite: sait-on, pour ne citer qu'un exemple, que *L'Homme rapaillé* de Gaston Miron a été notamment édité en anglais, en italien, en espagnol, en portugais et en coréen ? On ne dénombre plus, par ailleurs, les pays qui invitent, accueillent et honorent chaque année l'un ou l'autre de nos poètes.

Pourtant, cette belle et grande poésie québécoise, l'une de nos plus originales contributions à l'imaginaire de l'humanité et à son patrimoine culturel, est largement méconnue ici même: peu enseignée, peu médiatisée, peu présente dans nos bibliothèques et nos librairies, peu lue, en somme plus souvent qu'autrement ignorée.

Il faut dire qu'il n'est pas évident d'entreprendre de naviguer sur l'immensité de cette œuvre poétique : par où commencer parmi les centaines d'auteurs et les milliers de recueils publiés à ce jour ? Voilà justement à quoi sert une anthologie comme *Les cent plus beaux poèmes québécois* : permettre de s'offrir à soi-même ou d'offrir à nos parents, à notre compagne ou à notre compagnon, à nos enfants, à nos amis, en somme aux gens que l'on aime, une introduction à cette merveille qu'est la poésie québécoise.

*

Aussi loin que remontent mes souvenirs, la voix des poètes a toujours accompagné mes jours. Leurs écrits, jamais loin de ma table de chevet, n'ont à aucun moment cessé d'enrichir mon univers. Mes filles se souviennent encore que je leur faisais la lecture d'un poème avant le repas familial du dimanche. Puis vint la rencontre avec Gaston Miron – sans l'ombre d'un doute le meilleur ambassadeur de la poésie québécoise jusqu'à sa disparition en décembre 1996 – que j'eus le privilège d'avoir pour ami et qui, à ce titre, fut en quelque sorte mon guide en poésie. Plus tard, l'Hexagone arriva dans mon existence et m'offrit ce bonheur d'être, de 1996 à 2005, un peu plus que le lecteur et l'ami des poètes, d'être leur éditeur. Enfin, la vie me fit le cadeau d'une précieuse rencontre avec Hélène Dorion – grande poète elle-même et éditrice du Noroît pendant une décennie – qui a eu la gentillesse et la générosité de partager avec moi son extraordinaire connaissance de la poésie québécoise.

Sélectionner les cent plus beaux poèmes québécois parmi des dizaines de milliers de textes est évidemment une entreprise périlleuse, on ne peut plus subjective, qui comporte inévitablement une large part d'arbitraire. Que les poètes qui ne se retrouvent pas dans ce livre et qui, j'en suis terriblement conscient, auraient mérité d'y être, me pardonnent. Il me fallait faire des choix, constamment douloureux, avec l'objectif de donner, autant que faire se peut, un aperçu représentatif, dans son infinie diversité, de notre poésie à travers les époques, les lieux, les thèmes, les courants, les voix multiples et les grandes maisons d'édition poétique que sont, en particulier, l'Hexagone, le Noroît, les Herbes Rouges et les Écrits des Forges, que je tiens à remercier chaleureusement, ainsi que toutes les autres maisons d'édition concernées, pour leur collaboration exemplaire.

La lectrice, le lecteur, aura compris que je suis le seul et unique responsable du choix des poèmes ici présenté. J'ai fait ce choix avec l'espoir que celles et ceux qui l'auront entre leurs mains, dorénavant emportés sur les ailes de la poésie, éprouvent le désir d'aller ensuite plus loin dans sa découverte en se procurant les livres des poètes qui s'y trouvent, de tous ceux aussi qui ne s'y trouvent pas.

*

La poésie et l'art visuel se marient si bien que nous avons voulu que la couverture de cette anthologie soit illustrée par un grand créateur québécois. Le choix de René Derouin, cet immense artiste – peintre, graveur et sculpteur –, s'est imposé d'emblée. Toute son œuvre témoigne d'une exceptionnelle démarche artistique, éminemment poétique, centrée sur la quête et la symbiose de nos origines, de nos mémoires et de nos appartenances culturelles.

Ami des poètes, René Derouin a créé, en 1995, une fondation et un centre d'exposition en plein air, chez lui à Val-David, consacrés à l'art *in situ* et aux échanges Nord-Sud. Il y organise depuis lors des symposiums qui accueillent des artistes visuels du monde entier et qui, toujours, font une large place aux poètes québécois invités à lire leurs œuvres dans l'Agora Gaston-Miron qu'il a installée au cœur de la forêt laurentienne.

*

Publiée dans un format « beau livre » aux Éditions Fides en 2007, la première édition de l'anthologie *Les cent plus beaux poèmes québécois* s'est écoulée à cinq mille exemplaires, démentant ce mythe tenace que la poésie n'a pas de public au Québec. Fort peu de romans et encore moins d'essais ont atteint de tels chiffres de vente dans la jeune histoire de notre littérature.

Il ne faut pas attendre que le monde vienne à la poésie. Il faut amener la poésie au monde. Quand on se donne la peine, comme je l'ai fait en l'an 2000, d'offrir, dans une forme attrayante et avec des illustrations de qualité, une anthologie de la poésie québécoise destinée aux enfants, c'est à plus de huit mille exemplaires qu'elle s'écoule. Quand on sollicite le milieu scolaire pour participer sur une base volontaire à des concours de poésie, comme je l'ai réalisé en 2002 et 2003, c'est par centaines que les enseignants répondent à l'appel, c'est plus de trente mille jeunes qui relèvent le défi. Et puis, le Festival international de la poésie de Trois-Rivières ne s'est-il pas imposé avec le temps comme la principale manifestation culturelle de cette ville et comme la fierté de ses habitants ? Le Marché de la poésie de Montréal n'est-il pas fréquenté chaque année par un nombre croissant de visiteurs ? Une artiste comme Chloé Sainte-Marie n'est-elle pas devenue une étoile de la chanson québécoise en interprétant les textes des Gaston Miron, Roland Giguère et Patrice Desbiens ? Les deux magnifiques albums *Douze hommes rapaillés*, imaginés et orchestrés avec grand talent par le compositeur Gilles Bélanger qui met en musique les poèmes de Miron, n'ont-ils pas été en tête du palmarès pendant de longs mois ?

La présente édition en livre de poche de l'anthologie *Les cent plus beaux poèmes québécois* s'inscrit dans cette volonté de promotion et de diffusion de notre poésie nationale. On y retrouvera les mêmes poèmes que dans la première édition. À une exception près : Michèle Lalonde n'ayant malheureusement pas souhaité que son « Speak White » y figure, je l'ai remplacé par le méconnu et pourtant inoubliable « Le fleuve primitif » d'Albert Ferland, qui célèbre notre majestueux Saint-Laurent.

*

Je conclus cette brève introduction en faisant appel à notre imagination et à nos rêves poétiques ...

... Imaginons que le ministère de l'Éducation, les commissions scolaires, les collèges et les universités abandonnent leurs préjugés envers la poésie, la mettent à l'étude dans les cours de littérature et de français, invitent les poètes dans leurs institutions, rendent leurs recueils disponibles dans les bibliothèques, organisent des sorties scolaires en collaboration avec une Maison de la poésie dotée de ressources adéquates, tiennent chaque année des concours d'écriture poétique auprès de leurs étudiants, créant ainsi peu à peu un véritable public lecteur.

... Imaginons que chaque bibliothèque municipale soit tenue de constituer un fonds de livres de poésie et de l'enrichir progressivement en achetant quelques exemplaires de la centaine de titres québécois nouveaux qui paraissent chaque année.

... Imaginons que les librairies sortent les recueils de poésie des entrepôts où elles les confinent honteusement, les mettent en vitrine aux côtés des livres de cuisine, les proposent à leurs clients curieux.

... Imaginons que les médias mettent fin à leur «boycott» des œuvres poétiques, que les puissants groupes de presse ouvrent leurs pages et leurs ondes à la parole des poètes de sorte que «tout le monde finisse par en parler».

... Imaginons qu'Hydro-Québec, comme le fait l'Électricité de France (EDF) chaque année au moment du «Printemps des poètes», insère un poème dans la facture qu'elle envoie à ses millions d'abonnés et que les sociétés d'État et les grandes entreprises, comme cela se pratique dans plusieurs pays européens, offrent des livres de poésie à leurs clients, partenaires et employés, commanditent aussi l'édition de beaux livres de poésie.

... Imaginons que nous n'attendions pas des décennies après sa mort, comme nous l'avons fait pour Émile Nelligan, avant de dresser une statue à Gaston Miron dans un parc public et que nous changions le nom de la rue Saint-André à

Montréal – où il a vécu et écrit l'essentiel de son œuvre – pour celui, tellement plus imaginatif et signifiant, de Rue de l'Homme rapaillé.

... Rêvons que la poésie soit enfin reconnue ici pour ce qu'elle est : la plus pure, la plus belle, la plus précieuse expression de la liberté.

... Rêvons que le Québec devienne enfin, en Amérique et dans le monde, une terre de culture et de poésie.

... Rêvons que les Québécois se reconnaissent enfin pour ce qu'ils sont aussi : un peuple de poètes !

PIERRE GRAVELINE
Le 6 mars 2013

L'azur est la mort du hasard

il faut bien être quelque chose
pour pouvoir se permettre d'être rien
le rêve est une volonté élémentaire

il ne suffit pas de regarder les nuages
dans le cerveau du voisin
oui le ciel est un cahier ligné

par tous les yeux qui s'y sont lancés
la terre est un œil qui nous porte
à l'enfermer sous nos paupières

l'ego est lent quand le cœur
est clair comme un verre de ciel
l'âme est une campanule dans la cloche du corps

la volonté de bonheur me déprime par son égoïsme
la décence consiste à quitter les perchoirs
pour voler sans ailes et sans remords

le ciel descend
pour que je marche sur les nuages
heureux de ne pas être le soleil

JOSÉ ACQUELIN
(Tiré de *Là où finit la terre*, © Les Herbes rouges, 1999)

Bleus de mine

(Extrait)

Alors de toute force inventée je te trouve
te cherche comme au bout du rêve tout au loin.

Tu es là.

Et à genoux si genoux me portent je porte mains
à tes hanches te couvre peau de blanche brune
et blanche
aussi je plie frôle tes pieds de long désir affolé
chaque doigt chaque soie de langue
que corps prenne force de peau.

S'inscrit alors tout amour de plume
à stylet humides couleurs d'essences.
(Orner feuilles et cahier dédier le tout écrire).

Te dire qu'aujourd'hui t'est donné.

Comme tout autre jour dès qu'aube se lève
de brunante bien au cœur de la nuit bien
au creux où se lisse ton corps au corps du mien.

ANNE-MARIE ALONZO
(Tiré de *Bleus de mine*, © Les Éditions du Noroît, 1985)

Je t'écrirai encore demain

(Extrait)

Qu'as-tu connu au juste de l'amour ? Au bord de la fin,
quel bilan faisons-nous de ce qui nous a semblé alors
la suprême brûlure, puis en vint une autre, et le désespoir
et peut-être ainsi de suite... Ou encore nous avons choisi
de durer. Qu'en est-il de ces accompagnements tenaces au
fil des jours, quelle est la valeur de tous ces ans chargés
d'affections fortes, défaillantes, de désarrois haineux, de
colères tenaces, de bonheurs à leur tour, d'éclats ardents,
encore neufs malgré tout, d'accommodements
raisonnables pour la suite de l'entreprise... Et la soif ? Tu
l'as connue, je crois, immensément. Un jour tu lui as
donné la forme de mon être. Un jour, plutôt, ta soif a pris
la forme de mon image en toi, et bien sûr cela m'était
embellissant, mais cela me laissait sur ma soif. Je ne sais
pas. Crois-tu que nous n'aimons que
des images ?

Geneviève Amyot
(Tiré de *Je t'écrirai encore demain*, © Les Éditions du Noroît, 1995)

Les manivelles

(Extrait)

Ici les ciels
si denses pour une nuit sans pareille,
si avides
contre un mur pourri d'oiseaux,
n'avançaient presque plus.

Ne restait-il que l'expérience cruelle d'un corps
qui en pousse un autre ?

N'avions-nous que cette vie
pour mourir ?

Dans l'attente des couleurs,
la pluie grattait le sol.

Nous nous souvenions d'un fruit essuyé
sur le revers du jour.

Comment,
comment nous adosser au vent ?

Nous feuilletions les dentelles d'immobilité.
L'opération décidait des versions conservées.

Supporteraient-elles les montants
d'un regard hypnotique ?
la simple clarté ?
l'ouverture des fenêtres ?

Une preuve musicale comportait l'enfance :
nous avions éliminé ce moment.

Parmi les voix à emprunter
la dernière avait beaucoup d'attrait,
mais, colonnes du vide cassées de gestes,
nos cordes d'enfance,
les têtes que l'on caresse,
les mots n'étaient pas venus.

La table d'horizon y saignait elle encore ?

Sous les lunes humides et lentement cires,
nous léchions les feuillages,
l'épais bourdonnement des forêts
et, sans y prendre garde
(des instruments étranges
nous vidangeaient le cœur),
nous courions, nous courions
dépassant les morts mêlées
d'anges ruisselants.

Étions-nous si légers ?

Avions-nous failli ?

MARTINE AUDET
(Tiré de *Les manivelles*, © l'Hexagone, 2006)

La mer

Loin des grands rochers noirs que baise la marée,
La mer calme, la mer au murmure endormeur,
Au large, tout là-bas, lente s'est retirée,
Et son sanglot d'amour dans l'air du soir se meurt.

La mer fauve, la mer vierge, la mer sauvage,
Au profond de son lit de nacre inviolé
Redescend, pour dormir, loin, bien loin du rivage,
Sous le ciel regard pur du doux ciel étoilé.

La mer aime le ciel : c'est pour mieux lui redire,
À l'écart, en secret, son immense tourment,
Que la fauve amoureuse, au large se retire,
Dans son lit de corail, d'ambre et de diamant.

Et la brise n'apporte à la terre jalouse,
Qu'un souffle chuchoteur, vague, délicieux :
L'âme des océans frémit comme une épouse
Sous le chaste baiser des impassibles cieux.

NÉRÉE BEAUCHEMIN
(Tiré de *Les floraisons matutinales*, Victor Ayotte, 1897)

Sang et eau des os

(Extraits)

soigne-le de tes mains le temps réchauffe-le
quelques billes glacées t'en sonderont le visage
noie-le dans le sable écorne ses coins
qu'il chute d'un coup de reins dans l'instant
dans l'impossible instant qui se fige en tes doigts
tu tresses le visage il s'efface parmi la braise
un peu plus tard il ressourdra dans les cilices
coulant vers les débris tu le regarderas s'échapper
tu oublies parfois qu'en ouvrant les poings
tu le retrouves battant au fond des paumes

[...]

ne déchire pas le cœur comme on fait
d'un vieux compte d'une facture impayée
quelque sanglot bien ancré au coin de l'œil
avec cette aiguille qui t'agace le cœur
et te le tend d'un souffle à bout de pique
ne malmène pas trop les pierres elles casseront
tes mains d'un coup de poing déraillant
ainsi que ce train si vite lancé sur sa lancée
n'empêche pas le cœur de tourner à l'endroit
de qui sais-tu ployé dans ses brouillards
un jour l'été sur les autoroutes de la mémoire
où les rails se rapprochent un peu trop loin
dans le lointain

[...]

la lame du silence te dépèce le cœur
si tu attends ce mot qui peine à paraître
aujourd'hui je parle et parle encore et toujours
quand je me tairai les mots poursuivront
jusque dans les ténèbres où déjà tu aimerais
reprendre à ton compte les odeurs de la ville
si la voix ne s'entend plus que demeure
avec toi ce ténu réseau qu'aujourd'hui je tresse
et tresserai demain de même attentif
à ce geste lent qui monte depuis l'œil
que pluie tu naisses du corps pluvieux
je descendrai près de toi les ruelles de minuit
plus loin tu entendras la stridulence des chats
de même qu'en riant d'étincelles je les entendrai
encore une fois l'aube nous surprendra nus
roulant la dernière fumée du petit jour
tu me diras de me taire d'écouter la nuit
qui se plisse d'en entendre un peu plus de la nuit

MICHEL BEAULIEU

(Tiré de *Variables*, © Les Presses de l'Université de Montréal, 1973)

Grand Hôtel des Étrangers

Il nous faut témoigner avec grandeur de notre perte
partir sur les chemins du monde
laissant des traces sans retour
là dans le noir brûlé des choses
malgré la blancheur qui nous habite
aller au loin aller dans les mots charcutés
les sons rauques et les mixtures du néant
il nous faut tout prévoir tout nommer
tout reprendre des mémoires
où s'écroulent nos âmes
en renaissances aux poudroiements légers
entre les sentiments et les cités
départager les cimes liées aux urgences
par l'exacte beauté des meurtrissures
une lumière cristalline défenestrant les voix
diffuse les espoirs d'un chant
d'un si calme chant si dense
redevenu imaginable sachant
qu'il nous faudra tout perdre
tout refaire et créer
découvrir des gouffres
rêver sans illusion
et sans se taire aller
au loin à l'horizon
écrire vivre et aimer
dans le désir infini du visage du temps

CLAUDE BEAUSOLEIL
(Tiré de *Grand Hôtel des Étrangers*, poème liminaire,
© Les Écrits des Forges, 1996)

J'abdique tout

Je ne suis plus qu'un peu de chair qui souffre et saigne.
Je ne sais plus lutter, j'attends le dernier coup,
Le coup de grâce et de pitié que le sort daigne
Assener à ceux-là qui vont mourir debout.

J'abdique tout. J'ai cru que la cause était belle
Et mon être a donné un peu plus que sa part ;
La mêlée était rude et mon amour rebelle,
Ma force m'a trahie et je l'ai su trop tard.

Je suis là, sans orgueil, sans rancœur et sans arme ;
Mais l'espoir têtu reste en mon être sans foi,
Même si je n'ai plus cette pudeur des larmes
Qui fait qu'on a l'instinct de se cacher en soi.

La vie âpre, insensible, a vu ma plaie béante
Et tous les soubresauts qui ont tordu mon corps ;
J'ai crispé mes doigts fous aux chairs indifférentes,
Mon amour résigné a pleuré vers la mort.

Qu'elle vienne la mort, celle des amoureuses,
La mort qui vous étreint comme des bras d'amant,
Et qu'elle emporte ailleurs cette loque fiévreuse
Qu'est mon être vaincu, magnifique et sanglant.

JOVETTE BERNIER
(Tiré de *Les Masques déchirés*, Albert Lévesque, LACF, 1932)

Retour au pays des promesses

Nos pas suivent des rues pareilles aux jardins de l'exil,
Nos maisons voilent leurs visages de leurs mains inconnues,
Qu'avons-nous quand le beau pays étranger ne vibre plus
    Sous nos pieds comme un fleuve tiède?

Nous avons oublié l'Amérique de notre jeunesse
Et les enfants debout au seuil de leur nudité adolescente
Et les femmes aux cheveux palpitants qui apportent le pain
À l'homme quand midi éclate à leurs mains blanches

Prenez-moi quand je passe dans la solitude de la soif
Prenez-moi quand mon front est las.

Et vient l'autre été ruisselant des perles de juillet
Sur l'épaule des amants,
Les femmes dépouillées et merveilleusement osseuses
Portent des enfants qui les tiennent captives dans leurs
    robes lourdes
Elles ont pâli au sourire et boivent agenouillées
Dans la fraîcheur des sources dures,

Éloignez-vous de moi quand je passe dans la solitude
    de la faim...

MARIE-CLAIRE BLAIS
(Tiré de *Œuvre poétique 1957-1996*, Les Éditions du Boréal, 1997,
© Marie-Claire Blais)

Le chemin

Le chemin   le chemin noir
le chemin dur à parcourir
et droit comme un glaçon de gouttière
chemin perdu   trouvé   reperdu
et qui vous tient à l'écart du ciel
chemin de cendres et silences
écoutant sous le friable de neige
les yeux qui s'ouvrent des morts
en forme de plain-chant

et seul devant ces regards qu'assène l'obscur
avec au-dessous de moi ce chemin
en craquements de vieille terre
seul avec l'effroi aux ailes effrangées

je pense à toi par ce chemin d'haleine basse
je sais qu'il n'y a plus de royaumes
entre ces murs maigres j'entends
le bruit du temps qui se ferme
le chemin s'effondre sous les pas

et je sens sur mon épaule un vent de nuit
mes mains renversées ne versent que vide
le chemin noir   encore plus noir le chemin

le chemin   sans fin   bordé de noir
les larmes se figent sur mes joues

chemin où je suis de glace
et vieux
    très vieux
            tout à coup

JACQUES BRAULT
(Tiré de *L'En-dessous l'admirable*, © Les Presses de l'Université de Montréal, 1975)

Entre Mars et Vénus

L'haleine du futur sur le dos de la main comme une
  plus claire visitation
Doutance du corps au temps confié ô remuement de
  l'arbre passager
Toute chose connaît sa chair à l'approche de l'appeau
  et de la glu
Toute chose ainsi qu'une petite bête mouillée qui
  sécrète son souffle
Toute chose retirée en la coquille de son refus
Voici l'heure où le minéral cherche sa respiration la
  pierre bouge dans sa peau
Ô le cri de l'être arraché de son agonie
Chacun est pauvre d'une voix que le temps violente

Le temps coule sa pâte en chaque fissure
Le temps ramène la nuit au giron du jour
Et les morts sans cesse au bras du souvenir renaissent

La terre se retourne sur les peuples qui la composent
  la terre où j'éprouve du pied ma place
Vieille berceuse où dorment les millénaires vieille
  rassembleuse
Terre où s'emmêlent nos racines où nos haines
  fraternisent
Terre aux mille sourires des morts réconciliés

Tes bras autour de ta nichée attendent celui qui va
    naître à sa mort
Et pour un qui tombe et rentre en sa fin en voici mille
debout
    et durs comme le désir

Terre que le temps séduit terre naïve et toujours
    exacte au rendez-vous
Terre vieille femme vieille radoteuse qui écosse les
    heures
Terre vieille gare vieille rumeur de rires et de pleurs
Vieille peau fragile comme l'eau
Vieille main pourvoyeuse de lendemains
Vieille chanteuse au coin des rues
Vieille balayeuse de matins maussades
Et seule encore parmi les astres qui roulent en nos
    regards

Seule planète amoureuse de l'homme

JACQUES BRAULT
(Tiré de *Poèmes choisis 1965-1990*, © Les Éditions du Noroît, 1996)

Sous la langue

Le corps salive, rien pourtant n'est prévu,
ni l'abondance des touchers, ni la lenteur furtive,
la fureur exacte des bouches. Rien n'est prévu
pourtant c'est à la hauteur des yeux que le corps
d'abord touche à tout sans prévoir la peau nue,
aussi bien le dire, sans prévoir la douceur
de la peau qui sera nue avant même que la bouche
signale l'état du monde.

Rien ne suggère ici qu'au moindre toucher
le regard déjà défaille à vouloir déjà prévoir
un tel rapprochement. Rien n'est prévu sinon
que la respiration, la répétition des sons entre les
chairs. Fricatelle ruisselle essentielle aime-t-elle
dans le touche-à-tout qui arrondit les seins
la rondeur douce des bouches ou l'effet qui la
déshabille ? Rien n'est prévu pourtant au bout du
corps la peau fera image du corps car il n'y a
rien sans image au bout du corps ce sont
les images qui foudroient l'état du monde.

On ne peut pas prévoir pencher si
soudainement vers un visage et vouloir lécher
le corps entier de l'âme jusqu'à ce que le regard
étincelle de toutes les fureurs et les abandons.
On ne peut pas prévoir l'emportement du corps
dans l'infini des courbes, des sursauts, chaque
fois que le corps se soulève on ne voit pas
l'image, la main qui touche la nuque, la langue

qui écarte les poils, les genoux qui tremblent, les bras qui par tant de désir entourent le corps comme un univers. On ne voit que le désir. On ne peut pas prévoir l'image, les fous rires, les cris et les larmes. L'image est tremblante, muette et polyphonique. Fricatelle ruisselle essentielle aime-t-elle le long de son corps la morsure, le bruit des vagues, aime-t-elle l'état du monde dans la flambée des chairs pendant que les secondes s'écoulent cyprine, lutines, marines.

On ne peut pas prévoir si les mots qui l'excitent sont vulgaires, anciens, étrangers ou si c'est toute la phrase qui l'attire et qui avive en elle le désir comme un flair de l'étreinte, une manière de sentir son corps prêt à tout, sans limite. Rien n'est prévu pourtant la bouche du corps à corps excitée par les mots trouve d'instinct l'image qui excite.

On ne peut pas prévoir si l'état du monde basculera avec nous dans la saveur et le déferlement des langues. Rien n'est prévu pourtant la blouse est entrouverte, la petite culotte à peine décalée de la fente et pourtant les paupières closes et pourtant les yeux de l'intérieur sont tout agités par la sensation de la douceur des doigts. On ne peut pas prévoir si les doigts resteront là, immobiles, parfaits, longtemps encore, si le majeur bougera ô à peine sur la petite perle, si la main s'ouvrira en forme d'étoile au moment même où la douceur de sa joue, où son souffle au moment où tout le corps

de l'autre femme appuiera si fort que le livre qui
servait d'appui glissera sous la main, la main, au
moment où l'équilibre sera précaire et que les
cuisses se multiplieront comme des orchidées,
on ne peut pas prévoir si les doigts pénétreront,
s'ils s'imbiberont à tout jamais de notre odeur
dans le mouvement continu de l'image.

Rien n'est prévu car nous ne savons pas ce
qui arrive à l'image du monde lorsque
la patience des bouches dénude l'être. On ne
peut pas prévoir parmi les vagues, la déferlante,
la fraction de seconde qui fera image dans la
narration des corps tournoyant à la vitesse de
l'image.

On ne peut pas prévoir comment la langue
s'enroulera autour du clitoris pour soulever le
corps et le déplacer cellule par cellule dans
l'irréel.

NICOLE BROSSARD
(Tiré de *Amantes*, © l'Hexagone, 1998)

L'afficheur hurle

(Extrait)

meure la sentinelle meurent les hommes de la nuit
que nous soyons abolis aux premières marches du
    jour
meure la sentinelle que soient rayés nos deux cents
    ans de honte
sous la meule embrasée d'une aurore natale
nous-mêmes matinaux sur la terre parente
frères naïfs et durs au pays de nos bras

terre   camarades
si la courbure du monde sous nos paumes se dérobe
    toujours en ce milieu du vingtième siècle et si le
    visage des choses s'allume loin de nous par-delà
    l'horizon barré de nos vies
si nos cœurs sont noirs et secrets comme les nœuds de
    nos chênes et si les bruits de l'univers viennent rêver
    dans nos corps salariés
camarades   ô bêtes entêtées   le rire couve sous
    l'écorce et les grands craquements du feu natal
    tressautent dans la mémoire à venir

ô peuple intact sous la rature anglaise

terre   camarades
ton nom   Québec   comme bondissement de comète
    dans le sommeil de nos os   comme razzia du vent
    dans la broussaille de nos actes
voici que le cœur de la terre déjà bouleverse nos labours
    et nos rues et que notre cœur lui répond
    dans le saccage des habitudes

Québec ton nom cadence inscrit en l'épaisseur du
    besoin   unanime clameur franchis la forêt de nos
    veines et dresse à la face du monde l'orée de
    notre jour

le temps de notre humanité

PAUL CHAMBERLAND
(Tiré de *Terre Québec* suivi de *L'afficheur hurle* et de *L'inavouable*,
© Les Éditions Typo, 2003)

La beauté des visages
ne pèse pas sur la terre

(Extraits)

nos mains sont chaudes, il suffit d'exister
les aiguilles de l'horloge se sont arrêtées à huit heures
    trente-quatre
nous avons vagabondé pieds nus dehors
nous nous sommes assis à l'entrée de la cour
la fin de l'été nous a laissés aveugles, sans hâte
    ni inquiétude
j'ai caressé l'énigme de ton visage et maintenant
    tu dors entre mes jambes
les étoiles qui vont mourir dans le grand vide n'auront
    jamais connu la peur

[...]

plusieurs impressions surgissent en même temps
les nuages prennent des formes différentes
tu me touches pendant que je parle
il y a le nombre des années autour de la terre
il y a la voix étrangère là où nous sommes
nous entrons à la maison, j'allume une lampe,
    la table est nue
parce que je t'aime tout devient pur

[...]

je vois la fin du jour
j'échappe mon argent au milieu de la route
le peu qui nous protège se transforme à chaque seconde
tes rires et tes larmes sont passés en moi
un dernier mot nous sépare
je baisse les paupières pour vivre seulement ici,
     pour avancer
autour de moi je découvre la faiblesse aveugle
     de la terre

[...]

le trottoir a été déblayé
je chiffonne un morceau de papier, je le jette
nous pouvons rester de longues heures au même endroit
au loin le chemin s'embrouille
les toits sont du silence
notre haleine tombe dans l'oubli
j'aurai senti près de moi cet événement fragile
     et sans défaut

FRANÇOIS CHARRON
(Tiré de *La beauté des visages ne pèse pas sur la terre*,
© Les Écrits des Forges, 1990)

Une croix ne m'est pas tombée dessus

Une croix ne m'est pas tombée dessus
quand je suis allé aux hot-dogs
et que l'esclave grec ouvert la nuit
au Silver Gameland n'a pas pensé
que j'étais son frère
Aime-moi parce que rien n'arrive

Je crois que la pluie
ne me fera pas sentir plume
quand elle viendra cette nuit
après l'arrêt des tramways
puisque je suis de grandeur définie
Aime-moi parce que rien n'arrive

As-tu la moindre idée du nombre
de films que j'ai dû regarder
avant de vraiment savoir
que j'allais t'aimer
quand les lumières se réveilleraient
Aime-moi parce que rien n'arrive

Voici une manchette pour le 14 juillet
dans la ville de Montréal
Intervention décisive de Pearson
à la Conférence du Commonwealth
Ça c'était hier
Aime-moi parce que rien n'arrive

Des étoiles des étoiles des étoiles
gardent tout pour elles
As-tu remarqué comme c'est privé
un arbre mouillé
un rideau de lames de rasoir
Aime-moi parce que rien n'arrive

Pourquoi devrais-je rester tout seul
si ce que je dis est vrai
je confesse que je suis en train
de chercher un passage ou forger
un passeport ou parler un nouveau langage
Aime-moi parce que rien n'arrive

Je confesse que j'ai voulu
me faire pousser des ailes
et perdre la tête je confesse
que j'ai oublié pourquoi
pourquoi des ailes et une tête perdue
Aime-moi parce que rien n'arrive

LEONARD COHEN
(Tiré de *Étrange musique étrangère*, traduction de Michel Garneau,
© l'Hexagone, 2000)

Erica je brise

(Extrait)

Beaucoup de lin

après quelques essais
le lin ça ne va pas

je fais les cent pas
le berger n'arrive pas

ni les moutons

passe un philosophe
qui n'est pas au courant

pour me dégourdir
je cours un kilomètre

le philosophe sur les talons

de même que le chien du berger
bientôt enthousiaste

il aura flairé l'être

GILLES CYR
(Tiré de *Erica je brise*, © l'Hexagone, 2003)

La couleur du mensonge

(Extraits)

devant la fenêtre
j'imagine la mer étale mais elle est la mer
voilée elle est toujours la mer
une architecture excessive
du flux et du reflux
un jour on la traverse jusqu'au fond
là où tout converge
où parler n'est plus mentir
alors nos paroles justes détonnent
la mer propose ce risque étrange
nous devenons passionnants

[...]

l'éblouissement se perd dans le paysage
du bonheur dense
l'osmose des mains et des rêves
notre enlacement infini
l'espoir repose du vertige
vivre est inoffensif dit-on
on se protège contre l'effondrement

[...]

disparaissons
et ma voix se disperse
avant que tu ne l'entendes
l'enfance ne sera jamais *que l'enfance*
une douleur discontinue presque touchante
il n'y a pas de rupture
que la vanité de la marche du rythme athlétique
toujours mon pied se pose comme une affirmation
la mort est là vivace et nous l'ignorons
nous avons pitié de nous
là commence le mensonge

DENISE DESAUTELS
(Tiré de *Mémoires parallèles*, © Les Éditions du Noroît, 2004)

Tu parles dans la traversée du feu

Tu parles dans la traversée du feu,
cet éclat et ce rapt de lumière bleue,
cet éclat vital bleu,
pour bien indiquer la fureur,
la fougue des yeux,
l'angle aigu du regard.
Tu parles d'au-delà,
tourbillon ou flottement,
de cette infatigable volonté de surgir.
Tu parles de ta chair qui enrobe les mots.
Tu hantes l'intérieur du monde :
de longs voiles,
de belles couleurs brossées
dans l'espace de ma tête,
des arbres, des lichens.
Tu passes tes corps sur mes pupilles.
Tu navigues, tu contournes l'inconnu,
la détresse, l'impatience de l'océan.
C'est là, maintenant que je me nomme.
Tu es l'ambivalence des choses.

Caresse-moi de l'envers de ta main.
Délivre-moi de ce que je porte.
Tu déambules à la croisée des corps et des idées :
des dieux aveugles s'y rencontrent,
des dieux boiteux s'y tuent,
des dieux déments y jouent nos vies.
Tu portes les cheveux noués,
les cheveux effarés aussi, pourtant.
Tu es l'ambivalence des choses.

Cette énigme me ravit.
Tu me parles tout près de l'oreille :
ondulation de ton chant.
La voix, la voix sans fin.
Viens-tu me chercher ?
Je t'écris pour être aimé.

JEAN-MARC DESGENTS
(Tiré de *Les quatre états du soleil*, © Les Écrits des Forges, 1994)

Nataq

Toi, tu es ce soleil aveuglant les étoiles ;
Quand tu parles au mourant, sa douleur est si douce.
Pour trouver le ravage et tuer l'animal,
Pour trouver le refuge, tu es mieux que nous tous.

Je dis que je ne peux rêver la vie sans toi.
J'ai mémoire des eaux où je me suis baignée.
Maintenant que je vis, que je rêve à la fois,
Tout mon être voudrait que tu sois le dernier.

Mais je ne veux pas mourir sur ce rocher accore,
À la vue des autres, abusée par les dieux.
Il n'y a pas de fleurs pour jeter sur mon corps,
Et qui donc frappera le tambour de l'adieu ?

Je te le redis, je te suivrai dans la fosse,
Mais je veux de la terre, ô Nataq, tu m'entends !
Si cela te convient, si la vie nous exauce,
Nous serons ensemble jusqu'à la fin des temps.

Mais je suis si inquiète, la lumière retarde
Un peu plus chaque jour, ton silence m'opprime.
Ouvre les yeux et vois que les loups nous regardent,
Ils ont déjà choisi le moment, la victime.

Et voilà que s'échappe dans ce ciel obscurci
Le souffle du chaman étranglé de remords.
Vois ! il tremble de peur et ses doigts sont noircis,
Et pendant que je t'aime, il appelle la mort.

Si la mort se hasarde à souffler jusqu'ici
Dans ces brumes finales où s'achève le monde,
Sois certain qu'elle ne viendra pas que pour lui ;
Cachons bien nos blessures, elle s'en vient pour le nombre.

Ô Nataq bien-aimé, moi, mon cœur a conclu,
Moi, je meurs de mourir dans ce funeste camp.
Oui, nous sommes perdus comme nul ne le fut,
Oui, nous sommes perdus, mais encore vivants !

Ouvre les yeux et vois cette nuée d'oiseaux
À l'assaut de la mer inconnue, où vont-ils ?
Moi je dis que là-bas, il y a des roseaux,
Allons voir ! Allons voir ! Je devine des îles

Où le jour se lève, me nourrit et se couche,
Sur des plumes divines et des cavernes sûres.
Il y aura de l'eau, chaude comme ta bouche
Pour accoucher la fille et fermer sa blessure.

À ton signe, à ta voix, recueillis sous tes lances,
Des troupeaux de bisons réclamant sacrifice,
Et quand éclatera la lune d'abondance,
Des orages de fruits pour que vive ton fils.

Ton destin est le mien, nous ne mangerons plus ;
Nous irons frayer aux savanes intérieures,
Et tu enflammeras mon désir pur et nu ;
Que je hurle ta joie, que tu craches mon cœur !

Et si par miracle nos prières parviennent
À calmer ces dieux fous que la douleur fascine,
Je n'accepterai pas que l'un deux me ramène
Où j'ai pleuré du sable et mangé des racines.

Je ne retourne pas sur les lieux des anciens,
Sous la loi de guerriers débouchant aux clairières,
La mémoire brûlée, le flambeau à la main ;
S'il me faut retourner, je retourne à la mer.

Je suis jeune Nataq, comme un faon dans l'aurore,
Et la vie veut de moi et voudrait que tu viennes ;
Réveillons la horde, je l'entends qui l'implore ;
Attachons les épaves aux vessies des baleines.

Nous serons les premiers à goûter aux amandes ;
Traversons, traversons, amenons qui le veut.
Aime-moi ! Aide-moi ! Mon ventre veut fendre.
Je suis pleine, Nataq, il me faudra du feu.

RICHARD DESJARDINS
(© Richard Desjardins / Éditions Foukinic)

Je suis un fils déchu

Je suis un fils déchu de race surhumaine,
Race de violents, de forts, de hasardeux,
Et j'ai le mal du pays neuf, que je tiens d'eux,
Quand viennent les jours gris que septembre ramène.

Tout le passé brutal de ces coureurs des bois :
Chasseurs, trappeurs, scieurs de long, flotteurs de cage,
Marchands aventuriers ou travailleurs à gages,
M'ordonne d'émigrer par en haut pour cinq mois.

Et je rêve d'aller comme allaient les ancêtres ;
J'entends pleurer en moi les grands espaces blancs,
Qu'ils parcouraient, nimbés de souffles d'ouragans,
Et j'abhorre comme eux la contrainte des maîtres.

Quand s'abattait sur eux l'orage des fléaux,
Ils maudissaient le val, ils maudissaient la plaine,
Ils maudissaient les loups qui les privaient de laine.
Leurs malédictions engourdissaient leurs maux.

Mais quand le souvenir de l'épouse lointaine
Secouait brusquement les sites devant eux,
Du revers de leur manche, ils s'essuyaient les yeux
Et leur bouche entonnait : « À la claire fontaine » ...

Ils l'ont si bien redite aux échos des forêts,
Cette chanson naïve où le rossignol chante,
Sur la plus haute branche, une chanson touchante,
Qu'elle se mêle à mes pensers les plus secrets :

Si je courbe le dos sous d'invisibles charges,
Dans l'âcre brouhaha de départs oppressants,
Et si, devant l'obstacle ou le lien, je sens
Le frisson batailleur qui crispait leurs poings larges ;

Si d'eux, qui n'ont jamais connu le désespoir,
Qui sont morts en rêvant d'asservir la nature,
Je tiens ce maladif instinct de l'aventure,
Dont je suis quelquefois tout envoûté, le soir ;

Par nos ans sans vigueur, je suis comme le hêtre
Dont la sève a tari sans qu'il soit dépouillé,
Et c'est de désirs morts que je suis enfeuillé,
Quand je rêve d'aller comme allait mon ancêtre ;

Mais les mots indistincts que profère ma voix
Sont encore : un rosier, une source, un branchage,
Un chêne, un rossignol parmi le clair feuillage,
Et comme au temps de mon aïeul, coureur des bois,

Ma joie ou ma douleur chante le paysage.

ALFRED DESROCHERS
(Tiré de *À l'ombre de l'Orford*, © Les Éditions Fides, coll. du « Nénuphar »,
1948)

Le rayonnement des corps noirs

(Extraits)

ça et le bruit d'un homme qu'on égorge
ça ou nommer les peuples qu'on égorge
la rumeur du monde et son odeur de roussi
l'essentiel qui repart avec la dernière note
une dernière ligne droite dans le rythme
cardiaque d'une race pyromane
une dernière ligne droite
et des milliards de cibles
à la place de l'âme

[...]

il y a des survivants n'est-ce pas
cette phrase interminable un corps étiré
petit poème en loques tu regardes
l'enfance du monde dans la gueule
des chiens un pauvre sourire des chiens
et de la neige comme dans les livres
où on s'aimait il y a aussi le froid
et des répliques nouvelles toujours
belles jamais sales des formules sacrées
dans les arbres forêt de cathédrales
pour reconstruire la beauté sans nous

KIM DORÉ
(Tiré de *Le rayonnement des corps noirs*,
© Les Éditions Poètes de Brousse, 2004)

Je ne sais pas encore

(Extraits)

Si la vie n'est pas
ce vers quoi nous ne pouvons retourner ;
s'il y a quelque consolation
pour la tristesse qui revient
comme une alerte, la marque visible
de ce qui lentement se défait
en chacun de nous, le monde cherche sa beauté
et s'il devrait éviter la douleur
je ne sais pas encore.

Pourquoi cette ombre, ce silence
versés dans nos mains
ces manques insaisissables ;
au fond de l'air, un oiseau déploie ses ailes
et s'il devrait éviter la douleur
je ne sais pas encore.

*

Aurons-nous le temps d'aller très loin
de traverser les carrefours, les mers, les nuages
d'habiter ce monde qui va parmi nos pas
d'un infini secret à l'autre, pourrons-nous écouter
le remuement des corps à travers le sable ;
aurons-nous le temps
de tout nous dire et d'arrêter d'être effrayés
par nos tendresses, nos chutes communes ;

pourrons-nous tout écrire
d'un passage du vent sur nos visages
ces murmures de l'univers, ces éclats d'immensité ;
aurons-nous le temps de trouver
un mètre carré de terre et d'y vivre
ce qui nous échappe

je ne sais pas encore.

HÉLÈNE DORION
(Tiré de *Mondes fragiles, choses frêles*, © l'Hexagone, 2006)

Tout redevient fragile

On finit par suivre la lumière
qui nous bouleverse parfois
à travers un geste
sentir que rien ne viendra
sinon quelque désastre

On finit par ne plus voir
les percées du vide, oublier
ce visage qui n'a jamais existé
ailleurs que devant

Plus rien n'est lié soudain
plus rien ne s'accomplit

*

On finit par répondre
qu'on est là, faire signe
parmi nos absences
ne plus fuir la mémoire
de certaines failles qui blessent
plus que d'autres

On finit par s'ouvrir
au silence qui revient
et ne plus répondre
au bruit des pas, ne plus croire
qu'on a aimé, soutenu un instant
la beauté de notre vie

On finit par sentir le temps
qui replie nos regards
lentement les referme, comme une blessure
dont on ne sait plus parler

*

On finit par guérir
des premières questions
restées sans réponse
dans un regard
on finit par poser un amour
sur ce manque sans fond
se dire qu'il y a quelqu'un
au bout des mots
qui battent encore en nous
on se souvient soudain
de ce qui fut approché, effleuré
du désir dans lequel nous jette un corps

*

On finit par répondre chaque fois
à ce qui peut encore venir
à travers la répétition
de nos manques et de nos tendresses
on finit par se souvenir
qu'il y eut quelqu'un
derrière le désastre

On finit par ne plus entendre
que ces mots accidentés
qui appellent sans relâche
ce qui jamais n'est venu
et jamais ne viendra

On finit par ne plus rien entendre
et cela nous atteint encore

HÉLÈNE DORION
(Tiré de *Mondes fragiles, choses frêles,* © l'Hexagone, 2006)

Sans bout du monde

(Extraits)

Vient le jour où il n'y a pas de plus grand jour.

Le jour où nous pouvons aller de l'autre côté
de la faille, avancer
dans le noir
trouver une éclaircie.

Vient le jour où l'on entend
le chant du monde, où l'amour
arrive à quai.

Vient le jour où un visage nous ramène
aux autres visages.

*

Vient le jour où la vie ressemble enfin à la vie.
Où l'ombre et la lumière jaillissent
du même instant d'éternité
que délivre l'éphémère.

Vient le jour où la joie et le tourment
la grâce et la détresse, l'amour et l'absence
font un.

Vient le jour qui arrête l'attente.

*

Vient le jour où la beauté borde notre chemin.
On se penche sur la vie, et aussitôt
on se relève, le cœur tremblant, plus fort,
d'une vérité ainsi effleurée.

Vient le jour où l'on pose la main
sur un visage, et tout devient la clarté
de ce visage. Tout se nourrit
du même amour, d'un même rayon de bleu
et boit au même fleuve. Tout va
et vient dans un unique balancement des choses.

*

Vient le jour où l'on quitte la gare.
Enfermé depuis toujours, on cesse soudain
de chercher des abris.
On lâche les amarres.
Tout s'allège et le ciel s'entrouvre.

Alors, plus nue de n'avoir jamais été nue
notre âme écoute pour la première fois
son silence intérieur.

HÉLÈNE DORION
(Tiré de *Mondes fragiles, choses frêles*, © l'Hexagone, 2006)

Le vieux pont

L'autre hier, cheminant le long du vieux sentier,
Je parvins au cours d'eau qui fuit vers la savane.
Le soleil déclinait, et l'horizon altier
Alignait les sapins comme une caravane.

Évoquant le passé, je fis halte au vieux pont,
Au vieux pont biscornu, plein de ronce et de mousse,
Couché sur le ruisseau limpide et peu profond
Que brouillèrent les pas de mon enfance douce.

Aux caresses du vent dont se plaint le roseau,
Parfois un rossignol y turlute son trille.
Et le vieux pont sommeille au-dessus du ruisseau,
Dans l'ouragan des soirs comme au midi tranquille.

L'onde claire qui court à travers le glaïeul
Où se pose en passant l'agile libellule,
Murmure comme au jour où mon fier trisaïeul
Le construisit devant le siècle qui recule.

Cet homme était robuste, il le fit de plançons ;
Sur un lit de ciment aligna les poutrelles,
Sur d'énormes cailloux plaça les étançons,
L'enduisit de mortier à grands coups de truelle.

Et, dans la paix du soir, faisant rêveurs les bois,
L'angélus au lointain planait sur le village ;
Les sapins en leur deuil et l'onde de sa voix
Priaient dans le mystère éperdu d'un autre âge.

La cigale chantait l'heure de la moisson,
Et les bons engerbeurs rassemblaient les javelles ;
Parafant leur énigme au bord de l'horizon,
Au rêve du couchant, passaient les hirondelles.

Aux chants des charroyeurs, au cri-cri des grillons,
Les granges regorgeaient de blondes tasseries ;
Sous le comble l'avoine épandait ses haillons ;
Des larmes d'or tombaient au fond des batteries.

Serein, j'ai contemplé cette épave du temps
Qui s'acharne sur nous, avec des airs moroses ;
En moi j'ai ressenti la cruauté des ans,
Qui ne respecte pas la misère des choses.

J'ai vu des moissonneurs avec leurs gerbes d'or,
Qui revenaient joyeux d'espérance secrète...
Les aïeux sont partis, mais leurs enfants encor
Traversent le vieux pont dans leur rude charrette.

Et je songe à ceux-là que je n'ai pas connus,
Aux grands-parents absents, abîmés sous la terre :
Eux qui chantaient : *Le temps passé ne revient plus*,
Me rappelant qu'un jour, hélas ! il faut nous taire !

LOUIS-JOSEPH DOUCET
(Tiré de *La Jonchée nouvelle*, J.-G. Yon, 1910)

Quand je serai très vieux

Quand je serai très vieux
Demain peut-être
Quand l'ange tournera discrètement la page inachevée
Quand j'aurai fini de traquer les mots
Défaillant d'en avoir tant mis sur la page
Quand viendra le temps de partir
Toute parole close
L'âme bleue pareille au silence
Et livrée aux confins de l'absence

Quand il faudra s'en aller sans rien trahir
Que nulle hâte ne tirera plus par la manche
Que sera passée l'heure des floraisons et des peines

Quand il faudra remiser la plume avec le sablier
Replier mes solitudes avec mes amitiés
Ranger mes rêves dans l'armoire aux ténèbres

Ce jour-là toutes mes nuits au bout des mains
Je fermerai les yeux de la mémoire
Tendu dans l'attente de la lumière
Transi de tenace espérance

L'âme enfouie dans ses feuillages
Ses heures résignées en un vaste songe
J'abandonnerai ma main consolée dans la tienne
Ce sera le matin je pense

FERNAND DUMONT
(Tiré de *La part de l'ombre*, © l'Hexagone, 1996)

Tout près

(Extraits)

On ne soupçonne jamais qu'une parcelle de la vérité,
celle qui apparaît durant nos promenades quand le
ciel monte haut derrière la montagne. Juste assez de
vérité pour que l'espoir surgisse de nos chimères. Une
maison, des murs tapissés de livres et de photos, un
ange qui déploie ses ailes dans la lumière et l'amour,
l'amour sans la fin de l'amour, l'amour sans fin qu'on
cherche à imprimer dans le rythme de nos pas pour
le rendre réel, musique recouvrant la ville d'un
étrange apaisement, comme si les rues menaient à
une mer aveuglée d'oubli.

*

Poème, oui, puisqu'il faut s'égarer. La ville n'a qu'une
rumeur, la même toujours, une plainte insistante à
l'heure du repos, quand la tête brasse des images
aussi vieilles qu'une vie, adieux, tristesses, ces petits
désastres qui ont fait de nous des bêtes effrayées,
léchant leurs plaies dans des criques obscures. Poème.
Poème si nous arrivons au bout de l'abandon, avec
le bégaiement presque heureux des êtres après
l'abîme.

*

Aucune bordure aux contours du monde, mais une gorge, étroite, qu'on apprend à franchir malgré la terreur, après avoir longtemps soupesé des menaces confuses, accidents, malheurs, abandons, et tous les maux qu'il s'agit de défier pour que le paysage se déploie. La montagne devient un cône soulevé dans l'espace, entre deux nuages, éclat de granit et de brume, humilité. C'est la face cachée du détachement, là où, coupée du temps, la distance est cette humanité d'un regard désormais tourné vers le gris bleu de la lumière.

*

Demain ce sera le jour dans son éternité, avec son poudroiement de brume avant le premier soleil et ses collines semblables à des images. Puis mes doutes éblouis de lumière. Plus rien ne tremblera. Je retrouverai ma voix nomade, cette petite goutte de voix qui émerge, certains matins bénis où la douceur de l'air nous laisse entrevoir que la mort n'a pas raison de tout.

LOUISE DUPRÉ
(Tiré de *Tout près*, © Les Éditions du Noroît, 1998)

Mourir m'arrive

(Extrait)

quand tu n'es pas là

quand je perds mes cordages à tes cheveux
ma rose des vents à ton front
mon sable fin à tes joues

quand mes oies blanches
ne se faufilent plus entre tes dents
à chacun de tes rires

quand je t'attends
dépossédé sur le traversier
que je t'avais fait de mes lèvres
avant que l'insoutenable
ne me les couse

mourir m'arrive

quand tu manques à mon bout du monde
et qu'en mon ventre la laideur pille à la faux
tout ce que j'avais réussi à y cacher
de grand large en toi

FERNAND DUREPOS
(Tiré de *Mourir m'arrive*, © l'Hexagone, 2004)

Donner un ciel à la prière

Nous savons qu'il y a plus d'étoiles
que de nuits
Leur immobilité désarme l'imagination

Nous savons l'inquiétude
et lui attribuons une âme
savons le monde entier
dans ses lignes ses creux ses surfaces
ses entailles de pierres

Mais la nuit nous perdons le sens de l'espace
la pensée s'épanouit
se détend ailleurs

Nous savons que nous sommes
à la fois dans le temps et dans l'idée
entre les vivants et les morts
Et que nous filons notre laine
au coin de la folie humaine
mollement assis entre la vérité
et l'erreur.

JOCELYNE FELX
(Tiré de *La question de Nicodème*, © Les Éditions du Noroît, 2000)

Le fleuve primitif

Depuis des milliers d'ans les bois cernaient les eaux.
Sur les énormes caps des nuages d'oiseaux
Déroulaient, pleins de chants, leurs courbes infinies.
Roi de la solitude aux graves harmonies,
Le grand Fleuve introublé, sans sachems et sans nom,
Roulait mystérieux sous l'œil noir du héron,
Quand un jour le Nomade amoureux de mystère,
Surgi l'on ne sait d'où dans la Forêt sévère,
Sur la rive muette et pensive, apparut.
L'Homme avait peu de fils mais sa race s'accrut.
Il apportait le feu, l'arc, la pierre aiguisée;
Il était le Marcheur, il était la Pensée.
Les ciels, le sol, les eaux, l'arbre, l'aile qui fuit,
La marche des saisons, le silence, le bruit,
Le caprice des vents, la couleur des tempêtes,
Et l'imprévu des bois et l'empreinte des bêtes,
Tout pesait sur son cœur mobile et conquérant,
Lui versait joie ou crainte et le faisait errant.

Ô Fleuve, ce chercheur d'horizons et de grèves,
Esclave de la faim, dominé par ses rêves,
De quels cris étonnés dut-il troubler les bois
Quand ton bleu lui sourit pour la première fois!
Épris de ta grandeur, ô vieux Fleuve sauvage,
Il voulut, lui le Roi, te courber au servage,
Dompter ces vastes flots murmurant devant lui.
Le svelte et blanc bouleau sur un flanc de colline
Offrait pour son dessein sa pâle écorce fine,
Le thuya promettait un bois tendre, et le pin

Distillait dans sa nuit les pleurs d'or de son sein.
Rêvant d'une œuvre simple, admirablement belle,
Dans une écorce blanche il tailla sa nacelle,
Modela ses contours sur le cygne neigeux,
L'affermit de bois mince, et d'un doigt courageux
Cousit ses bords légers d'une souple racine,
Fit couler sur les joints un filet de résine.
Puis, il fit l'aviron d'un jeune érable dur,
Alors, rempli d'orgueil, déchirant ton azur,
Il poussa le flotteur que son labeur fit naître.
Ce jour-là tu connus, Fleuve, ton premier maître.

En ce passé lointain, splendide, immesuré,
Je te vois, ô grand Fleuve, en ton rêve ignoré.
Tu passais anonyme au pied du promontoire,
Seuls les cerfs et les ours à tes eaux venaient boire.
Superbe, tu n'avais pour te proclamer beau
Que l'amour du héron, de l'aigle, du corbeau.
Longtemps il te fallut sans gloire attendre l'Homme,
Celui qui va pensif, voit les choses, les nomme.
Mais lorsque ta beauté prit place dans ses yeux
Tu sortis de la nuit des Temps mystérieux...

ALBERT FERLAND
(Tiré de *Mémoires de la Société royale du Canada*, 1926)

Les nouveaux poètes d'Amérique

(Extraits)

never more
le beat des dispersions du cœur
les os qui brûlent la bouche
les impuretés de l'émotion

never more
le gâchis des conversations creuses
nausée des mots qui scelle les yeux
entre la vitre et l'inaccessible
le verbiage hypocrite
sous l'éclairage des néons
amputant l'énergie du réel
dans la substance du risque

[...]

la terre n'a pas demandé à naître
ni la beauté à mourir sous nos yeux
tous les Dachau four après four
brûlent ce qui reste en nous d'humain
le cœur s'égoutte sur ses cendres

[...]

never more
les horreurs de la foi sur la carte du bien du mal
le crachat du profane sur le seuil de l'initié
l'hypocrite serpent sur l'obole des vanités
les jours Oklahoma pour des ivresses d'idéal
la détonation des revanches dans l'œil noir de l'absurde
les avions-suicide sur l'empire de l'arrogance

l'urine du fer dans l'épouvante du sang
les manœuvres militaires sur nos hanches défaites
l'illusion d'une paix aplatie sur des buildings

[...]

est-ce le fanatisme qui sent ainsi le soufre
le vent qui passe sur les déchets
est-ce l'épine ou la croix qui s'imbibe de fiel
la honte ou la prière qui réclame le fouet
la pierre dans la main qui rend la main coupable
l'arbre de Yahvé qui éblouit l'étoile
est-ce le mensonge qui bave ses massacres
l'amour qui bâille sur ses vestiges
est-ce le ciel qui vomit à la fosse
Moïse qui déchire les pages de la Torah

qui d'Allah ou du Diable
fait son pouvoir de l'ossement d'Adam
qui de David ou Salomon peut mieux juger
l'espèce humaine et le troupeau-témoin

est-ce la foi qui donne l'ordre de tuer
le cœur qui se montre inflexible et violent
est-ce l'orage impur qui infeste les chairs
le temple ou le soleil qui pivote avec les vautours
est-ce le sable ou le désert qui assèche nos têtes
le sel ou l'eau qui lie l'homme à la mort
est-ce le chien errant qui insulte l'humain
le pain ou l'or qui engraisse le corps
est-ce un accord de paix qui purifie la haine
l'idée de Dieu qui joue dans un film de terreur
est-ce le vif-argent qui chatouille les sorcières
la clé de transcendance au fond d'un urinoir

si Dieu a fait l'Homme à son image
j'ai peur de Dieu s'il est armé
je ne désire pas Dieu dans ma maison
s'il cache une bombe sous sa veste
je ne veux pas d'un Dieu qui sanctifie la faute
à la pointe du fusil devant un barrage militaire

[...]

je ne sais plus où me sauver
quand je vois les pôles fondre
comme deux sucres dans un verre d'eau

avions-nous promis de tout tuer
de faire tout disparaître
en venant au monde

avions-nous promis
de nous taire de regarder
la vie moisir dans nos bouches

[...]

never more
ces chiens qui accouchent du profit
pour cultiver des soleils purulents
dans les baignoires de la finance
en pompant du poumon
pour l'orgueil d'un empire

expliquez-moi la bave des vipères
les dents qui nous consument
aux banquets des dollars

un genre de trahison pour journée sans croissance
Judas qui vend son sang
d'un baiser pour l'azur

je sais que tous mes never more
ne décimeront point l'infection du réel
je ne suis plus l'aveugle adolescent

je ne suis pas naïf ni drapé d'idéal
je ne suis pas gourou ni le fouet justicier
dictateur de mirages ou icône tibétaine
mais je l'écris quand même ce chant d'amour humain
ce never more d'espoir ce never more d'honneur
pour tous les êtres qui s'alimentent
à la mise au monde du bonheur

ROBBERT FORTIN
(Tiré de *Les nouveaux poètes d'Amérique*, © l'Hexagone, 2002)

L'ailleurs

(Extrait)

tu romps mon corps
me prends par-derrière
les mains devant
me touchent et vont
bien au-delà de ma peau
déchirée sous tes dents
encore ta salive à pleine bouche
tu nais de moi
je te continue
poursuivis par nos mains
cuisses sur poitrines
plus loin
plus fort
tu m'enfonces en toi
les poings fermés
pupilles dilatées
tu cries dans ma voix
tu hurles dans ma tête
ton souffle dans mon cou
tu montes tu montes
Obuda et les collines
le soleil dans notre prairie
cette prière qui nous rejoint

tu ne t'arrêtes pas
dans ton sommeil
tu me tournes et m'ouvres
tes doigts humides
jusqu'à ce que les louves
sortent de nos forêts

DANIELLE FOURNIER
(Tiré de *Poèmes perdus en Hongrie*, © VLB éditeur, 2002)

L'Amérique inavouable

(Extrait)

L'homme au regard incertain
Marche au bout de la nuit
Où les rebelles se font précis
La rue est son refuge
Quand le ciel n'est plus
Qu'un fouillis d'étoiles attiédies

Sous le ciel bleu de l'automne clair
Blue-jeans blues sur les boulevards
Et désir sur les tatouages sacrés
C'est l'extase facile made in the USA
À même les étoiles filantes de l'Eldorado yankee
Où les stars de posters sont laminées d'éternité
Comme des têtes d'affiche directement de nulle part

Pour fuir la quiétude troublante des banlieues
Les gitans caressent la brise au coin des rues
Alors que les filles s'abreuvent à la source du temps

La vie est au beau fixe dans la déréliction rurale
Chaque chaîne est une ouverture sur le satori
Les yeux rivés sur l'écran cathodique
Quand le soir tombe en satellite oublié
Sur l'ennui cellulaire du rêve américain

Des familles dérivent devant les baies vitrées
Comme des astronomes sous le ciel de l'Antiquité
Les jeux sont faits et plus rien ne va qui vaille
Lorsque l'existence même est mise en veilleuse

LUCIEN FRANCŒUR
(Tiré de *Entre cuir et peau*, © Les Éditions Typo, 2005)

La découverte du Mississipi

Le grand fleuve dormait couché dans la savane.
Dans les lointains brumeux passaient en caravane
De farouches troupeaux d'élans et de bisons.
Drapé dans les rayons de l'aube matinale,
Le désert déployait sa splendeur virginale
    Sur d'insondables horizons.

Juin brillait. Sur les eaux, dans l'herbe des pelouses,
Sur les sommets, au fond des profondeurs jalouses,
L'Été fécond chantait ses sauvages amours.
Du sud à l'aquilon, du couchant à l'aurore,
Toute l'immensité semblait garder encore
    La majesté des premiers jours.

Travail mystérieux! les rochers aux fronts chauves,
Les pampas, les bayous, les bois, les antres fauves,
Tout semblait tressaillir sous un souffle effréné;
On sentait palpiter les solitudes mornes,
Comme au jour où vibra, dans l'espace sans bornes,
    L'hymne du monde nouveau-né.

L'Inconnu trônait là, dans sa grandeur première.
Splendide, et tacheté d'ombres et de lumière,
Comme un reptile immense au soleil engourdi,
Le vieux Meschacébé, vierge encor de servage,
Dépliait ses anneaux de rivage en rivage
    Jusqu'au golfe du Midi.

Écharpe de Titan sur le globe enroulée,
Le grand fleuve épanchait sa nappe immaculée

Des régions de l'Ourse aux plages d'Orion,
Baignant la steppe aride et les bosquets d'orange,
Et mariant ainsi dans un hymen étrange
    L'équateur au septentrion.

Fier de sa liberté, fier de ses flots sans nombre,
Fier du grand pin touffu qui lui verse son ombre,
Le Roi-des-Eaux n'avait encore, en aucun lieu
Où l'avait promené sa course vagabonde,
Déposé le tribut de sa vague profonde,
    Que devant le soleil et Dieu!...

Jolliet! Jolliet! quel spectacle féérique
Dut frapper ton regard, quand ta nef historique
Bondit sur les flots d'or du grand fleuve inconnu!
Quel sourire d'orgueil dut effleurer ta lèvre!
Quel éclair triomphant, à cet instant de fièvre,
    Dut resplendir sur ton front nu!

Le voyez-vous, là-bas, debout comme un prophète,
Le regard rayonnant d'audace satisfaite,
La main tendue au loin vers l'Occident bronzé,
Prendre possession de ce domaine immense,
Au nom du Dieu vivant, au nom du roi de France,
    Et du monde civilisé?

Puis, bercé par la houle, et bercé par ses rêves,
L'oreille ouverte aux bruits harmonieux des grèves,
Humant l'âcre parfum des grands bois odorants,
Rasant les îlots verts et les dunes d'opale,
De méandre en méandre, au fil de l'onde pâle,
    Suivre le cours des flots errants!

À son aspect, du sein des flottantes ramures,
Montait comme un concert de chants et de murmures ;
Des vols d'oiseaux marins s'élevaient des roseaux,
Et, pour montrer la route à la pirogue frêle,
S'enfuyaient en avant, traînant leur ombre grêle
    Dans le pli lumineux des eaux.

Et pendant qu'il allait voguant à la dérive,
L'on aurait dit qu'au loin les arbres de la rive,
En arceaux parfumés penchés sur son chemin,
Saluaient le héros dont l'énergique audace
Venait d'inscrire encor le nom de notre race
    Aux fastes de l'esprit humain !

Louis Fréchette
(Tiré de *Les fleurs boréales*, Darveau, 1879)

Désastre

Le soleil avait disparu depuis longtemps.
On ne savait pas pourquoi. Personne, même
les plus savants. Le jour était une nuit noire.
On ignorait maintenant la différence entre
jour et nuit, sinon par les horloges, cadrans
et montres qui fonctionnaient encore comme
avant.

On ne pouvait plus aller très loin quand on
sortait. Quand on allait trop proche, on se
perdait tout autant.

Des prophètes avaient prédit le retour du
soleil à l'équinoxe du printemps. Il ne vint pas.
Ou encore, au solstice d'été. Fous d'attente
vaine, on ne vit pas le soleil revenir à sa place.
Plus fous encore, ceux qui avaient cru aux
prophètes et qui ne les crurent plus.

Le plus étrange, c'est que la neige n'avait pu
fondre un été durant. Dans les nuits et jours
étoilés, les sculptures blanches scintillaient,
menaçantes. On se glissait dehors pour les voir,
comme si l'âme de la neige nous était enfin
révélée. Certains n'en revenaient pas.

On les retrouvait gelés sur les bancs de neige,
statues de sel qui s'étaient retournées trop tôt
sur l'âme muette des choses.

On ne les enterrait pas, la terre étant perdue
trop bas sous ces amas. On attendait qu'elle
fonde, la neige, pour les retourner à la terre
d'où ils venaient.

Certains priaient devant ces sculptures à forme
humaine prises à même la glace comme nous
à nos destins nocturnes.

On avait froid.

Et la lumière manquait.

À chaque jour sombre, il y en a qui craquaient.
On les retrouvait un peu partout morts suicidés,
avec des notes griffonnées tout autour. Les styles
variaient, mais la désespérance était la même :
on avait cru au retour du soleil et on n'y croyait plus.

Les corps étaient enfouis sous la neige avec leurs mots,
dans des petites cavernes creusées comme des igloos.

On décorait ces tombes froides comme on pouvait. Il
n'y avait plus de fleurs depuis si longtemps.

Ni de feuilles dans les arbres.

Vu la noirceur constante, plusieurs s'étaient remis
à croire aux fantômes et aux revenants.

D'autres marchaient main dans la main, ils se tenaient
au plus près les uns des autres, pensant toujours :
on sait jamais.

Dans ce désordre des choses les plus élémentaires,
les grandes voix indiquant le chemin n'étaient plus
celles d'avant.

On entendait de plus petites voix timides dans la
nuit constante et leurs paroles neuves, à peine
audibles, en effrayaient plus d'un.

On aurait dit des bouches enfantines cherchant
leurs mots à travers incertitudes et balbutiements.

Pour les capter, il fallait ouvrir ses oreilles
autrement.

Mais il fallait surtout ne pas craindre les silences
de la nuit.

Le silence, avec ses effets déroutants.

Il y avait d'interminables temps de pleine lune
pendant lesquels on pouvait apercevoir
d'innombrables oiseaux morts
jonchant les routes blanches.

Soudain, on apprenait à contempler la lune
et à se souvenir du chant des oiseaux.
Parmi ceux-ci, les plus rapaces — vautours
et corbeaux — avaient tenu plus longtemps.

Les croassements lugubres traversèrent
le printemps, l'été et l'hiver suivant.

Certains s'abattaient comme des croix
sur les statues de sel.

Les plus vaillants d'entre nous
s'en allaient parfois nettoyer
tous ces champs de carcasses.

MADELEINE GAGNON
(Tiré de *À l'ombre des mots*, © l'Hexagone, 2007)

Lecture des pierres

(Extraits)

Un jour
je m'en irai
vers les champs
gemmifères

Toucher les émertis
de saphirs
de rubis

Très loin
en Birmanie
au Cachemire
en Ariège

J'écouterai
le chant de la terre

Arborescent

[...]

Tant qu'il y aura
un souffle
sera l'écrit

Jusqu'à ras bords
maille après maille
jusqu'à l'élémentaire
le chant

M'éteindrai
avant cette finale
imaginée
intemporelle

Ambre glissant
de col en col
sur front
d'univers

MADELEINE GAGNON
(Tiré de *À l'ombre des mots*, © l'Hexagone, 2007)

Réminiscences

J'entends le chant de la terre,
on me croirait assise sur sa plus haute falaise,
j'entends
La galerie est de travertin,
marbré de rose, d'ocre et d'opale,
j'entends jusque dans ma main
La main caresse cette poudre calcaire,
ruisselle à mon tympan le bruit de la matière
Plus bas, très loin, la mer,
ce pourrait être l'Atlantique
mais c'est l'Égée d'enfance imaginée
J'entends le chant de la terre,
tous les espaces m'habitent,
l'oreille n'a pas de frontières
Au nord du quarante-neuvième parallèle,
sur la plus haute falaise de grès sédimenté,
j'entends le chant de la terre
Mes doigts suivent le filet rouge,
mes doigts cherchent la mémoire des âges
sous le quartz érodé
Sur le grain veineux,
je palpe une brèche sonore,
j'entends le chant de la terre
Par-delà tout désastre entrevu,
au bord du gouffre nucléaire

Rivant le corps entier au moindre souffle
chu des pulsations d'astres
J'entends le chant de la terre
À mes pieds dans ce Nord tout juste frigorifié
que le printemps encore réchauffe
Je vois, ramassée fœtale en plein conglomérat,
tassée au sein du galet de silex
L'image d'une sphère vivante,
douée d'yeux et de bouche avec,
enfouie comme en un songe
Une oreille qui vibre et qui écoute, je sais,
je prends la roche au creux de ma main
J'entends le chant de la terre

MADELEINE GAGNON
(Tiré de *À l'ombre des mots*, © l'Hexagone, 2007)

Les Petits Chevals amoureux

les chevals sont des animals doux et calmes
quand ils vont contents de se bien chevaucher

un petit cheval vient pour l'autre galopade
donnante et trotte en la neige de tous les sens

comme les dames quand elles lâchaient tout
pour chasser le chanteur et le surprendre

les plaisantes dames qui portent l'amour aux hanches
comme me porte le désir aux corps ventres si blancs
si chaleur cuisses et la tant surprise douceur des seins

au jardin de mon bestiaire les chevals se boivent
l'un l'autre en assoiffés allongés dans la source

au bestiaire de ma tête jardinière les chevals
s'offrent l'herbe miraculeuse de la légende d'amour

chevals à mes oreilles sont sonores noms des corps
où la force d'amour a mieux automne et mieux été

en des instants comme des chevaux accotés

MICHEL GARNEAU
(Tiré de *Les Petits Chevals amoureux*, © Lanctôt éditeur, 1999)

Lassitude

Je ne suis plus de ceux qui donnent
Mais de ceux-là qu'il faut guérir.
Et qui viendra dans ma misère ?
Qui aura le courage d'entrer dans cette vie à moitié morte ?
Qui me verra sous tant de cendres,
Et soufflera, et ranimera l'étincelle ?
Et m'emportera de moi-même,
Jusqu'au loin, ah ! au loin, loin !
Qui m'entendra, qui suis sans voix
Maintenant dans cette attente ?
Quelle main de femme posera sur mon front
Cette douceur qui nous endort ?
Quels yeux de femme au fond des miens,
au fond de mes yeux obscurcis,
Voudront aller, fiers et profonds,
Pourront passer sans se souiller,
Quels yeux de femme et de bonté
Voudront descendre en ce réduit
Et recueillir, et ranimer
et ressaisir et retenir
Cette étincelle à peine là ?

Quelle voix pourra retentir,
quelle voix de miséricorde
voix claire, avec la transparence du cristal
Et la chaleur de la tendresse,
Pour me réveiller à l'amour, me rendre à la bonté,
m'éveiller à la présence de Dieu dans l'univers ?
Quelle voix pourra se glisser, très doucement,
sans me briser, dans mon silence intérieur ?

SAINT-DENYS GARNEAU

(Tiré de *Poésies. Regards et jeux dans l'espace. Les solitudes*,
Les Éditions Fides, coll. du « Nénuphar », 1972)

Monde irrémédiable désert

Dans ma main
Le bout cassé de tous les chemins

Quand est-ce qu'on a laissé tomber les amarres
Comment est-ce qu'on a perdu tous les chemins

La distance infranchissable
Ponts rompus
Chemins perdus

Dans le bas du ciel, cent visages
Impossibles à voir
La lumière interrompue d'ici là
Un grand couteau d'ombre
Passe au milieu de mes regards

De ce lieu délié
Quel appel de bras tendus
Se perd dans l'air infranchissable

La mémoire qu'on interroge
A de lourds rideaux aux fenêtres
Pourquoi lui demander rien ?
L'ombre des absents est sans voix
Et se confond maintenant avec les murs
De la chambre vide.

Où sont les ponts les chemins les portes
Les paroles ne portent pas
La voix ne porte pas

Vais-je m'élancer sur ce fil incertain
Sur un fil imaginaire tendu sur l'ombre
Trouver peut-être les visages tournés
Et me heurter d'un grand coup sourd
Contre l'absence

Les ponts rompus
Chemins coupés
Le commencement de toutes présences
Le premier pas de toute compagnie
Gît cassé dans ma main.

SAINT-DENYS GARNEAU
(Tiré de *Poésies. Regards et jeux dans l'espace. Les solitudes*,
Les Éditions Fides, coll. du « Nénuphar », 1972)

Les boucliers mégalomanes

(Extraits)

Mon Olivine
Ma Ragamuche
je te stoptatalère sur la bouillette mirkifolchette
J'acramuze ton épaulette
Je crudimalmie ta ripanape
Je te cruscuze
Je te goldèple
Ouvre tout grand ton armomacabre
et laisse le jour entrer dans tes migmags
Ô Lunèthophyne
je me penche et te cramuille
Ortie déplépojdèthe
j'agrimanche ta rusplète
Et dans le désert des marquemacons tes seins obèrent le
silence

CLAUDE GAUVREAU
(Tiré de *Œuvres créatrices complètes*, © Les Éditions Parti pris, 1977)

La main du bourreau
finit toujours par pourrir

Grande main qui pèse sur nous
grande main qui nous aplatit contre terre
grande main qui nous brise les ailes
      grande main de plomb chaud
      grande main de fer rouge

grands ongles qui nous scient les os
grands ongles qui nous ouvrent les yeux
      comme des huîtres
grands ongles qui nous cousent les lèvres
      grands ongles d'étain rouillé
      grands ongles d'émail brûlé

mais viendront les panaris
panaris
panaris

la grande main qui nous cloue au sol
finira par pourrir
les jointures éclateront comme des verres de cristal
les ongles tomberont

la grande main pourrira
et nous pourrons nous lever pour aller ailleurs.

ROLAND GIGUÈRE
(Tiré de *L'âge de la parole*, © Les Éditions Typo, 1991)

Toi la mordore

Toi la mordore
toi la minoradore
entourée d'aurifeuflammes
toi qui mimes le mimosa
toi qui oses le sang de la rose

desporosa
desperados
desesporaminos
desespera
desesperador la statue de sel
desperante
despoir au plus profond du noir
despoir quand tout siffle et glisse
dans l'avalnuit

désopérante espérancéphale

Toi la mordore
toi la minoradore
nous laisseras-tu sans voix
sans vue et sans bras
tout nus dans la poix
faire les cent pas
aux passages à niveau
devant les puits sans eau
croiser et décroiser
les rails de la patience
nos propres os sur la voie
dis
la mordore la minoradore
toi qui autrefois
avanças le jour sublime
nous laisseras-tu ce poids
nous laisseras-tu infirme ?

ROLAND GIGUÈRE
(Tiré de *Forêt vierge folle*, © Les Éditions Iypo, 1988)

Roses et ronces

Rosace rosace les roses
roule mon cœur au flanc de la falaise
la plus dure paroi de la vie s'écroule
et du haut des minarets jaillissent
les cris blancs et aigus des sinistrés

du plus rouge au plus noir feu d'artifice
se ferment les plus beaux yeux du monde

rosace les roses les roses et les ronces
et mille et mille épines
dans la main où la perle se pose

une couronne d'épines où l'oiseau se repose
les ailes repliées sur le souvenir d'un nid bien fait

la douceur envolée n'a laissé derrière elle
qu'un long ruban de velours déchiré

rosace rosace les roses
les jours où le feu rampait sous la cendre
pour venir s'éteindre au pied du lit
offrant sa dernière étoile pour une lueur d'amour
le temps de s'étreindre
et la dernière chaleur déjà s'évanouissait
sous nos yeux inutiles

la nuit se raidissait dure jusqu'à l'aube

rosace les roses les roses et les ronces
le cœur bat comme une porte
que plus rien ne retient dans ses gonds
et passent librement tous les malheurs
connus et inconnus
ceux que l'on n'attendait plus
ceux que l'on avait oubliés reviennent
en paquets de petites aiguilles volantes
un court instant de bonheur égaré
des miettes de pain des oiseaux morts de faim
une fine neige comme un gant pour voiler la main
et le vent le vent fou le vent sans fin balaie
balaie tout sauf une mare de boue
qui toujours est là et nous dévisage

c'est la ruine la ruine à notre image

nous n'avons plus de ressemblance
qu'avec ces galets battus ces racines tordues
fracassés par une armée de vagues qui se ruent
la crête blanche et l'écume aux lèvres

rosace les ronces!

rosace les roses les roses et les ronces
les rouges et les noires les roses les roses
les roseaux les rameaux les ronces
les rameaux les roseaux les roses
sous les manteaux sous les marteaux sous les barreaux
l'eau bleue l'eau morte l'aurore et le sang des garrots

rosace les roses les roses et les ronces
et cent mille épines !

roule mon cœur dans la poussière de minerai
l'étain le cuivre l'acier l'amiante le mica
petits yeux de mica de l'amante d'acier trempé
     jusqu'à l'os
petits yeux de mica cristallisés dans une eau salée

de lame de fond et de larmes de feu
pour un simple regard humain trop humain

rosace les roses les roses et les ronces
il y avait sur cette terre tant de choses fragiles
tant de choses qu'il ne fallait pas briser
pour y croire et pour y boire
fontaine aussi pure aussi claire que l'eau
fontaine maintenant si noire que l'eau est absente

rosace les ronces
ce printemps de glace dans les artères
ce printemps n'en est pas un
et quelle couleur aura donc le court visage de l'été ?

ROLAND GIGUÈRE
(Tiré de *L'âge de la parole*, © Les Éditions Typo, 1991)

Par cœur

à Marthe

Je sais par cœur mille chansons vieillottes
et des vers sublimes de poètes inconnus
je sais par cœur des noms de villes perdues
des noms de femmes aimées des noms peu communs
des noms propres avec de grandes initiales brodées
je sais par cœur de vieux airs de danse
et des chants d'amour qui mouillent les yeux

je sais par cœur des mots rares oubliés
dans les pages jaunies d'un dictionnaire
des mots qui souffrent de solitude et d'abandon
je sais par cœur des choses qui ne servent à rien
des phrases inutiles laissées à la porte
comme des feuilles mortes que le vent emporte

je sais par cœur des heures de joie pure
et des moments de détresse que l'on efface
quand vient le muguet du mois de mai
je sais par cœur mes absences et mes douleurs
je sais tout ce qui me hante et me ruine

je sais par cœur aussi de lumineux parcours
des chemins enchantés qui mènent à l'extase

je sais par cœur toutes les courbes de ton corps
ses failles ses clartés ses ombres et ses doux lavis
je te connais par cœur et même sans mémoire
je t'aime encore et toujours
pour finir en beauté cette dernière rengaine

ROLAND GIGUÈRE
(Tiré de *Cœur par cœur*, © l'Hexagone, 2004)

Cantouque de l'écœuré

(Extrait)

Ma turluteuse ma riante
ma toureuse mon aigrie
sans yeux sans voix échenollé tordu tanné
démanché renfreti plusieurs fois bien greyé
de coups de pieds dans le rinqué
de malheurs à la trâlée
flaubeur d'héritages et sans-cœur
me voici tout de même ô mon delta ma séparure
ma torrieuse mon opposée
tout à toi rien qu'à toi par la rivière et par le fleuve
ma grégousse ô mon amour

GÉRALD GODIN
(Tiré de *Ils ne demandaient qu'à brûler*, © l'Hexagone, 2001)

Cantouque sans recours

Comment pourrais-je coucher avec toi
m'allonger du long de ton flanc doux
t'embrasser les seins te mordiller les tétins
si je n'étais indépendantiste ô mon amour

comment pourrais-je porter mes chnolles
et m'en servir au besoin quand le désir me vient
être un homme et me tenir debout et droit
si je n'étais indépendantiste ô mon amour

comment pourrais-je parler français
comme mes voisins mes pareils
fouler la boue du pays l'appeler mienne
la traîner à mes semelles m'en targuer m'en vanter
m'en mettre plein la vue m'en ennuyer
me sentir chez moi sinon aujourd'hui du moins demain
si je n'étais indépendantiste ô mon amour

comment pourrais-je vivre oser respirer encore
l'air pollué de mon pays vaincu
l'avenir bouché de mon pays anglichié
supporter la brûlure des Plaines l'incendie des drapeaux
le bris des épées l'exil de trente-sept

comment pourrais-je oser t'aimer te toucher
même lever les yeux vers toi
connaître ne serait-ce que ton nom
si je n'avais à cœur qu'un jour sinon nous du moins nos fils
soient ici chez eux sur la terre que d'aïeul à petit-fils
nous aimons

GÉRALD GODIN
(Tiré de *Ils ne demandaient qu'à brûler*, © l'Hexagone, 2001)

Ô tourments...

Ô tourments plus forts de n'être qu'une seule apparence
Angoisse des fuyantes créations
Prière du désert humilié
Les tempêtes battent en vain vos nuques bleues
Vous possédez l'éternelle dureté des rocs
Et les adorables épées du silence ont en vain défié vos feux
noirs

Tourments   sourdes sentinelles
Ô vous soutes gorgées de désirs d'étoiles
Vos bras d'hier pleins des bras d'aujourd'hui
Ont fait en vain les gestes nécessaires
Vos bras parmi ces éventails de cristal
Vos yeux couchés sur la terre
Et vos doigts tièdes sur nos poitrines aveugles
N'ont créé pour notre solitude qu'une solitude d'acier

Je sais   je sais   ne le répétez pas
Vous avez perdu ce dur front de clarté
Vous avez oublié ces frais cheveux du matin
Et parce que chaque jour ne chante plus son passage
Vous avez cru l'heure immobile et la détresse éteinte
Vous avez pensé qu'une route neuve vous attendait

Ô vous   pourquoi creuser cette fosse mortelle
Pourquoi pleurer sous les épaules des astres
Pourquoi crier votre nuit déchaînée
Pourquoi vos mains de faible assassin
Bientôt l'ombre nous rejoindra sous ses paupières faciles
Et nous serons comme des tombes sous la grâce des jardins

Non   non   je sais votre aventure
Je sais cet élan retrouvant le ciel du mât
Je sais ce corps dépouillé et ces larmes de songe
Je sais l'argile du marbre et la poussière du bronze
Je sais vos sourires de miroirs.
Ces genoux usés que ronge la ténèbre
Et ce frisson des reins inaccessible

Pourquoi le mur de pierre   dites-moi
Pour ce bloc scellé d'amitié
Pourquoi ce baiser de lèvres rouges
Pourquoi ce fiel et ce poison
Les minutes du temps me marquent plus que vos
trahisons

Ô navires de haut bord avec ce sillage de craie
Vos voiles déployées votre haine se gonfle
Pourquoi creuser ces houles comme une tranchée de sang
Pourquoi ces hommes penchés sur la mer comme aux
fontaines de soif
Si les morts de la veille refusent de ressusciter

ALAIN GRANDBOIS
(Tiré de « Les îles de la nuit » dans *Poèmes*, © l'Hexagone, 2003)

Le silence

Mouvements d'inflexibles secrets
Rythmes trop triomphateurs
Ô feux de phares nudités d'or
Parmi les malédictions
Parmi la sécheresse des siècles
Ô glaces de pôles plats
Et ce tenace acheminement
D'un sillage de lune pâle
Aux vertiges du souvenir

Nymphes de gel
Beau danger superbe
Devant ce front lisse
Rire de révolte
Puits de sel frais
Ô beaux doigts cerclés de rubis
Ô vendeurs nourris de nuit
Quelles belles ailes
À vos talons de plomb

Les jungles peuplées
De silences trop sonores
N'ont rien ajouté
À l'ensorcellement de l'aube
La défaite de l'ombre
Fondait au sang du soleil rouge
Ô soleil d'un bond
Comme une fausse absolution

Bras barques de désirs sur la mer
Tendus vers des rivages
Pour la dernière fois promis
Méfiants navigateurs repoussant
Avec chaque vague
L'éclat du songe
Ô plages crépusculaires
Quel est ce muet besoin
De chaque fois nier
Parmi le labyrinthe des archipels
La douceur de l'oubli

Serments déficitaires
Vœux livrés à la facilité du mensonge
Futile fierté des hauts arbres
Dont soudain le feuillage
Se penche aux odeurs des genoux disjoints
Quelles mortelles trahisons
Pour la courbe nue de sa hanche

Injonction de demain
Jeux de la colline magique
Tours chancelantes et pourtant dressées
Dans un courage surhumain
Comme un seul et dur glaive
Jours tapis devant la mort
Comme le fauve moribond du désert
Repliant ses griffes de pourpre
Allume la dernière étincelle
À sa prunelle oblique

Terre d'étoiles humiliées
Ô Terre Ô Terre
Ta surface assassine le cœur
Avec ses paysages écrasés
Dans le cruel anneau
De ses hommes de peur
Ce qui lui reste de ce grouillement stérile
Rejoint les grandes clameurs
Des fleuves enténébrés
Nul ange ne soutient plus
Les parapets des îles

Mais il suffit peut-être
Ô Terre
De gratter légèrement ta surface
Avec des doigts d'innocence
Avec des doigts de soleil
Avec des doigts d'amour
Alors toutes les musiques
Ont surgi d'un seul coup
Alors tous les squelettes aimés
Tous ceux qui nous ont délivrés
Leurs violons tous accordés
Ont d'abord chanté
Sans plaintes sans pleurs

Les aurores de nacre
Les midis de miel
Les soirs de délices
Les nuits de feux tendres
Ils ont chanté encore
Le mur obscur de la mer
Le relief des vents

Le pur dur diamant de la source
Le souffle frais des montagnes
La fluidité de la pierre du roc
Ils ont ensuite chanté
Tout ce qui peut se dire
Du mort au vivant
Tissant la soie
De l'extraordinaire échelle
Alors le silence s'est fait
Ils n'avaient tu que le dernier sacrifice

Ô belle Terre féconde et généreuse
Ils étaient quarante millions de beaux cadavres frais
Qui chantaient sous ta mince surface
Ô Terre Ô Terre
Ils chantaient avec leur sourde musique
De Shanghai à Moscou
De Singapour à Coventry
De Lidice à Saint-Nazaire
De Dunkerque à Manille
De Londres à Varsovie
De Strasbourg à Paris
Et quand ils ont été plus morts encore
D'avoir trop chanté
Quand s'est fait leur grand silence
Nous n'avons rien répondu

ALAIN GRANDBOIS
(Tiré de «Rivages de l'homme» dans *Poèmes*, © l'Hexagone, 2003)

Noces

Nous sommes debout
Debout et nus et droits
Coulant à pic tous les deux
Aux profondeurs marines
Sa longue chevelure flottant
Au-dessus de nos têtes
Comme des milliers de serpents frémissants
Nous sommes droits et debout
Liés par nos chevilles nos poignets
Liés par nos bouches confondues
Liés par nos flancs soudés
Scandant chaque battement de cœur

Nous plongeons nous plongeons à pic
Dans les abîmes de la mer
Franchissant chaque palier glauque
Lentement avec la plus grande régularité
Certains poissons déjà tournent
Dans un sillage d'or trouble
De longues algues se courbent
Sous le souffle invisible et vert
Des grandes annonciations

Nous nous enfonçons droits et purs
Dans l'ombre de la pénombre originelle
Des lueurs s'éteignent et jaillissent
Avec la plus grande rapidité
Des communications électriques
Crépitent comme des feux chinois autour de nous

Des secrets définitifs
Nous pénètrent insidieusement
Par ces blessures phosphorescentes
Notre plongée toujours défiant
Les lois des atmosphères
Notre plongée défiant
Le sang rouge du cœur vivant

Nous roulons nous roulons
Elle et moi seuls
Aux lourds songes de la mer
Comme des géants transparents
Sous la grande lueur éternelle

Des fleurs lunaires s'allongent
Gravissant autour de nous
Nous sommes tendus droits
Le pied pointant vers les fonds
Comme celui du plongeur renversé
Déchirant les aurores spectrales
L'absolu nous guette
Comme un loup dévorant

Parfois une proue de galère
Avec ses mâts fantômes de bras
Parfois de courts soleils pâles
Soudain déchirent les méduses
Nous plongeons au fond des âges
Nous plongeons au fond d'une mer incalculable
Forgeant rivant davantage
L'implacable destin de nos chaînes

Ah plus de ténèbres
Plus de ténèbres encore
Il y a trop de poulpes pourpres
Trop d'anémones trop crépusculaires
Laissons le jour infernal
Laissons les cycles de haine
Laissons les dieux du glaive
Les voiles d'en haut sont perdues
Dans l'arrachement des étoiles
Avec les derniers sables
Des rivages désertés
Par les dieux décédés

Rigides et lisses comme deux morts
Ma chair inerte dans son flanc creux
Nos yeux clos comme pour toujours
Ses bras mes bras n'existent plus
Nous descendons comme un plomb
Aux prodigieuses cavernes de la mer
Nous atteindrons bientôt
Les couches d'ombre parfaite
Ah noir et total cristal
Prunelles éternelles
Vain frissonnement des jours
Signes de la terre au ciel
Nous plongeons à la mort du monde
Nous plongeons à la naissance du monde

ALAIN GRANDBOIS
(Tiré de « L'étoile pourpre » dans *Poèmes*, © l'Hexagone, 2003)

Les mains tendues

Cette belle paix si provisoire
Sous les soleils des équinoxes
Calme étonnant
Ravissement des yeux
Derrière la lumière
La vieille ville engourdie
Comme le lézard au cœur chaud des étés

Et toute cette beauté
Parcelle d'un instant béni
Se feront nuit et froid
Devant le désespoir des hommes
Flairant l'odeur de la mort

Mais nos mains ne se seront pas tendues en vain
Un fragment de bonheur
Vaut tout le drame d'une vie
Ainsi que l'éblouissant éclat du diamant
Aux ténébreuses profondeurs de la terre

ALAIN GRANDBOIS
(Tiré de « Poèmes épars » dans *Poèmes*, © l'Hexagone, 2003)

La sagesse m'a rompu les bras

La sagesse m'a rompu les bras, brisé les os
C'était une très vieille femme envieuse
Pleine d'onction, de fiel et d'eau verte

Elle m'a jeté ses douceurs à la face
Désirant effacer mes traits comme une image mouillée
Lissant ma colère comme une chevelure noyée

Et moi j'ai crié sous l'insulte fade
Et j'ai réclamé le fer et le feu de mon héritage.

Voulait y faire passer son âme bénie comme une vigne
Elle avait taillé sa place entre mes côtes.
Longtemps son parfum m'empoisonna des pieds à la tête

Mais l'orage mûrissait sous mes aisselles,
Musc et feuilles brûlées,
J'ai arraché la sagesse de ma poitrine,
Je l'ai mangée par les racines,
Trouvée amère et crachée comme un noyau pourri

J'ai rappelé l'ami le plus cruel, la ville l'ayant chassé,
                    les mains pleines de pierres.
Je me suis mise avec lui pour mourir sur des grèves mûres
Ô mon amour, fourbis l'éclair de ton cœur, nous nous
battrons

                    jusqu'à l'aube
La violence nous dresse en de très hautes futaies
Nos richesses sont profondes et noires pareilles au
contenu

                    des mines que l'éclair foudroie.

En route, voici le jour, fièvre en plein cœur scellée
Des chants de coqs trouent la nuit comme des lueurs
Le soleil appareille à peine, déjà sûr de son plein midi,
Tout feu, toutes flèches, tout désir au plus vif de la
    lumière,
Envers, endroit, amour et haine, toute la vie
    en un seul honneur.
Des chemins durs s'ouvrent à perte de vue sans ombrage
Et la ville blanche derrière nous lave son seuil où
    coucha la nuit.

ANNE HÉBERT
(Tiré de *Poèmes*, © Éditions du Seuil, 1960)

Il y a certainement quelqu'un

Il y a certainement quelqu'un
Qui m'a tuée
Puis s'en est allé
Sur la pointe des pieds
Sans rompre sa danse parfaite.

A oublié de me coucher
M'a laissée debout
Toute liée
Sur le chemin
Le cœur dans son coffret ancien
Les prunelles pareilles
À leur plus pure image d'eau

A oublié d'effacer la beauté du monde
Autour de moi
A oublié de fermer mes yeux avides
Et permis leur passion perdue

ANNE HÉBERT
(Tiré de *Poèmes*, © Éditions du Seuil, 1960)

Je te salue

1
Peaux-Rouges
Peuplades disparues
dans la conflagration de l'eau-de-feu et des tuberculoses
Traquées par la pâleur de la mort et des Visages-Pâles
Emportant vos rêves de mânes et de manitou
Vos rêves éclatés au feu des arquebuses
Vous nous avez légué vos espoirs totémiques
Et notre ciel a maintenant la couleur
des fumées de vos calumets de paix.

2
Nous sommes sans limites
Et l'abondance est notre mère.
Pays ceinturé d'acier
Aux grands yeux de lacs
À la bruissante barbe résineuse
Je te salue et je salue ton rire de chutes.
Pays casqué de glaces polaires
Auréolé d'aurores boréales
Et tendant aux générations futures
L'étincelante gerbe de tes feux d'uranium.

Nous lançons contre ceux qui te pillent et t'épuisent
Contre ceux qui parasitent sur ton grand corps d'humus
    et de neige
Les imprécations foudroyantes
Qui naissent aux gorges des orages.

3

J'entends déjà le chant de ceux qui chantent :
Je te salue la vie pleine de grâces
le semeur est avec toi
tu es bénie par toutes les femmes
et l'enfant fou de sa trouvaille
te tient dans sa main
comme le caillou multicolore de la réalité.

Belle vie, mère de nos yeux
vêtue de pluie et de beau temps
que ton règne arrive
sur les routes et sur les champs
Belle vie
Vive l'amour et le printemps.

GILLES HÉNAULT
(Tiré de «Totems», dans *Poèmes 1937-1993*, © Les Éditions Sémaphore, 2006)

Les écrits de l'eau

(Extrait)

Nous marchions inlassables
   dans les écrits de l'eau et l'eau interminable
   brassait ce qu'elle n'écrirait pas.
Des fruits ballonnés par l'aigre et l'acide
   incendiaient la falaise
   avant de rouler dans le crépuscule.
Nous marchions la nuque cassée vers le sol.
Nous n'étions ni une horde ni une meute,
   nous étions les restes ballants
   d'une maigre entreprise.
Une femme s'était détachée de nous
   jusqu'à l'homme,
   une femme s'était menée à ses périls jusqu'à lui.
Se cramponnant aux rhizomes,
   remontant les écrits jusqu'à l'ultime braise,
   elle s'arrimait pour finir aux jets de feu
   qui déroutent l'orbite
   et lancent l'œuf à travers le chaos
   sur une autre trajectoire.

SUZANNE JACOB
(Tiré de *Les écrits de l'eau*, © l'Hexagone, 1996)

Ouvrir le feu

(Extrait)

Années de malheur où la peur était reine
on trempait son courage dans un baquet de haine
des épines couronnaient le désir dénoncé
l'amour avait des gants pour ne pas se blesser
tous les matins portaient masques de carême
le plaisir se cachait dans un danger suprême
ces années me reviennent avec leurs bruits de chaînes
avec leurs mornes traînes et leurs laizes de peine

qu'à cela ne vache qu'à cela ne chienne
ce fleuve de douleurs apporta la révolte

GILBERT LANGEVIN
(Tiré de *Ouvrir le feu*, © Les Éditions du Jour, 1971)

Le temps des vivants

Que finisse le temps des victimes
passe passe le temps des abîmes
il faut surtout pour faire un mort
du sang des nerfs et quelques os

que finisse le temps des taudis
passe passe le temps des maudits
il faut du temps pour faire l'amour
et de l'argent pour les amants

vienne vienne le temps des vivants
le vrai visage de notre histoire
vienne vienne le temps des victoires
et le soleil dans nos mémoires

ce vent qui passe dans nos espaces
c'est le grand vent d'un long désir
qui ne veut vraiment pas mourir
avant d'avoir vu l'avenir

que finisse le temps des perdants
passe passe le temps inquiétant
un feu de vie chante en nos cœurs
qui brûlera tous nos malheurs

que finisse le temps des mystères
passe passe le temps des misères
les éclairs blancs de nos amours
éclateront au flanc du jour

vienne vienne le temps des passions
la liberté qu'on imagine
vienne vienne le temps du délire
et des artères qui chavirent

un sang nouveau se lève en nous
qui réunit les vieux murmures
il faut pour faire un rêve aussi
un cœur au corps et un pays

que finisse le temps des prisons
passe passe le temps des barreaux
que finisse le temps des esclaves
passe passe le temps des bourreaux

je préfère l'indépendance
à la prudence de leur troupeau
c'est fini le temps des malchances
notre espoir est un oiseau

GILBERT LANGEVIN
(Tiré de *La voix que j'ai*, © VLB éditeur, 1997)

Présence au monde

C'est le premier matin du monde et j'interroge
Homme demeure errante dans le temps
Un nid fait son feu sous la pluie
Une femme enceinte fleurit son seuil
Un arbre tremble de mille paroles
La chaleur enveloppe l'univers
La lumière creuse des sources
Un secret bouge entre la terre et moi.

Je trouve d'instinct les mains du soleil
J'apprivoise l'odeur sauvage
Je pèse le temps d'un fruit qui rougit
Je dis le temps qui mûrit dans mon cœur
Un frisson élargit ma main
Un sourire aggrave mes yeux
Ma langue remplit d'eau le nuage flétri
Je ne vis que dans la lueur du combat.

Je fais des digues je plante des phares
Je souffle sous l'écorce du plaisir
Toute forme caresse un mot nouveau
Je parle au nom de tous les hommes
Je tends des filets et j'écoute
J'approche la terre de mon oreille
Je tire des images du fond de la terre
De mon toit je salue l'aurore de chaque homme.

Douce déchirante merveille d'être
Je me grise de voir et de toucher
Je m'enflamme de chaque floraison
Et chaque grain dore en moi ses épis
J'oriente le cours d'eau je donne élan au feu
Je révèle et je définis dans l'éphémère
Je touche le ciel du bout de la main
Et c'est le ciel qui me brûle les yeux.

Chaque mort de l'homme agrandit ma tombe
J'entends la plainte des oiseaux qu'on tue
Je vois le bond des bêtes qu'on enchaîne
Je conduis au jour l'arbre aveugle
Et je veille au fond de chaque blessure
Un destin m'identifie à chaque être
Je quitterai la peine du voyage
Je regarde au plus près de ma maison.

J'assemble des mots d'ombre et de lumière
Je traduis en oracles chaque souvenir
Et demain m'ouvre aujourd'hui sa demeure
Le monde est ma présence
Je borde mon chemin j'aiguise mes outils
Je sème et je récolte au rythme du soleil
Et la nuit qui tombe ne me surprend pas
J'appelle un grand amour.

Je souffre et le sapin cache sa bouche
Quel secret coupe mon visage en deux
Quel mot à mi-chemin de naître et de mourir
J'ai un grand besoin d'habiter
Je mets des nids dans chaque main
Dans chaque pas je plante un mot d'espoir
Un feuillage établit l'harmonie de ma table
D'ici je dis oui au temps de la terre

J'abolirai la mort je vivrai à tout prix.

GATIEN LAPOINTE
(Tiré de *Ode au Saint-Laurent*, © Les Écrits des Forges, 2000)

Ode au Saint-Laurent

(Extraits)

Et je situerai l'homme où naît mon harmonie

Ma langue est d'Amérique
Je suis né de ce paysage
J'ai pris souffle dans le limon du fleuve
Je suis la terre et je suis la parole
Le soleil se lève à la plante de mes pieds
Le soleil s'endort sous ma tête
Mes bras sont deux océans le long de mon corps
Le monde entier vient frapper à mes flancs

J'entends le monde battre dans mon sang

[...]

Je prends pied sur une terre que j'aime
L'Amérique est ma langue ma patrie
Les visages d'ici sont le mien
Tout est plus loin chaque matin plus haut
Le flot du fleuve dessine une mer
J'avance face à l'horizon
Je reconnais ma maison à l'odeur des fleurs
Il fait clair et beau sur la terre

Ne fera-t-il jamais jour dans le cœur des hommes ?

GATIEN LAPOINTE
(Tiré de *Ode au Saint-Laurent*, © Les Écrits des Forges, 2000)

Le vierge incendié

(Extrait)

J'ai des frères à l'infini
J'ai des sœurs à l'infini
et je suis mon père et ma mère

j'ai des arbres   des poissons
des fleurs et des oiseaux

Le baiser le plus rude
et l'acte déconcerté
l'assassin sans lame
se perce de lumière

Mais la corrosion n'atteindra jamais
mon royaume de fer
où les mains sont tellement sèches
qu'elles perdent leurs feuilles

Les faïences éclatent de rire dans le stuc
le ciel de glace
le soleil multiple qui n'apparaît plus
Frères et sœurs
mes milliers d'astres durs

PAUL-MARIE LAPOINTE
(Tiré de *Le vierge incendié*, © Les Éditions Typo, 1998)

Arbres

j'écris arbre
arbre d'orbe en cône et de sève en lumière
racines de la pluie et du beau temps   terre animée

pins blancs   pins argentés   pins rouges et gris
pins durs à bois lourd   pins à feuilles tordues
potirons et baliveaux
pins résineux   chétifs et des rochers   pins du lord
  pins aux tendres pores   pins roulés dans leur neige
  traversent les années   mâts fiers voiles tendues
  sans remords et sans larmes   équipages armés
pins des calmes armoires et des maisons pauvres
bois de table et de lit
bois d'avirons de dormants et de poutres   portant le
  pain des hommes dans tes paumes carrées

cèdres de l'est   thuyas et balais   cèdre blancs
  bras polis   cyprès jaunes   aiguilles couturières
  emportées   genévriers   cèdres rouges   cèdres
  bardeaux parfumeurs   coffrets des fiançailles
  lambris des chaleurs

genévrier qui tient le plomb des alphabets

épinettes grises   noires   blanches   épinettes de
  savane
clouées
épinette breuvage d'été   piano droit   tambour
  fougueux

sapins blancs   sapins rouges   concolores ct

gracieux   sapins grandissimes   sapins de Babel
   coiffeurs des saisons   pilotis des villes fantasques
locomotives gercées   toit des mines
sapin   bougie des enfances

conifères d'abondance   espèces hérissées   crêtes
   vertes des matinaux   scaphandriers du vent
      conifères dons quichottes sans montures sinon la
   montagne   clairons droits foudroyant le ciel
   conifères   flammes pétrifiées   vertes brûlantes
   gelées de feu   conifères
arêtes de poissons verticaux dévorés par l'oiseau

j'écris arbre
arbre pour l'arbre

bouleau   merisier jaune et ondé   bouleau flexible
   acajou sucré   bouleau   merisier odorant
   rouge   bouleau   rameau de couleuvre
   feuille-engrenage vidé   bouleau cambrioleur à
   feuilles de peuplier   passe les bras dans les cages
   du temps   captant l'oiseau captant le vent

bouleau à l'écorce fendant l'eau des fleuves
bouleau fontinal   fontaine d'hiver   jet figé
   bouleau des parquets   chemin du soir   galbe
   des tours et des bals
albatros dormeur

aubier entre chien et loup
aubier de l'aube aux fanaux

j'écris arbre
arbre pour le thorax et ses feuilles
arbre pour la fougère d'un soldat mort   sa mémoire
   de calcaire et l'oiseau qui s'en échappe avec un cri

arbre
peuplier   faux-tremble   trembleur à grands crocs
   peuplier-loup   griffon troubleur   arracheur
   immobile de mousse et de terre   peuplier feuilles
   étroites   peuplier au front bas   peuplier ligne
   droite   cheval séché   œillères rances
peuplier baumier   embaumeur des larmes
   peuplier aux lances-bourgeons   peuplier fruit de coton
   ouates désintéressées   langues de chattes   pattes
   d'oiselle rachitique   peuplier allumettes   coupe-
   vent des forêts   garde-corps et tonnelier
   charbon blanc des hivers

arbre
arbre pour l'arbre et le Huron
arbre pour le chasseur et la hache
arbre pour la sirène et le blé   le cargo le cheval

noyers circassiens masseurs d'azur   noyers à noix
   longues   noyers gris   noyers tendres   noyers
   noyade heureuse   minéraux éclairés par le centre
   fabricants de boules   noyers goélette aérée
   noyers eaux-fortes

saule écorce amère   saule aux rameaux grêles
   cassants comme paroles en l'air   graine-coq à aigrette
   et paons fugaces   saules noirs   saules à feuilles
   de pêcher   saules à feuilles mortelles   saules
   blancs fragiles et pleureurs   pendeloques des morts

caryer ovale noir amer   caryer écailleux   caryer
   à noix piqués au vif   caryer des pourceaux
   noix douces   caryer sportif cible élastique

charme bois dur bois de fer   narcisse plongeur
   humide   égoïste à la plainte suffoquée

aunes   vernes   aunes à bourrelets   rameaux
   poilus   tortues décapitées raies échouées   aune
   fragile aux clous   aune émailleur ébéniste
   aune à feuilles minces   aune verrerie profonde
   aune crispé   lisse   antennes arrachées à l'insecte

arbre
l'arbre est clou et croix
croix de rail et de papier
croix de construction   d'épée   de fusil
croix de bombardier   téléphone   haut fourneau
   sémaphore
croix d'aluminium et de néon
croix de gratte-ciel et de chien   de torture et de faim

chênes musclés   chiens gendarmes
chevaux   chênes
   aux gros fruits   photographes et tournesols
   têtes franciscaines   chênes-fruits   blancs ou
   bicolores selon le délire ou rien

blanc frisé ou bleu   chêne prin à la coque polie
   chinquapin mosaïque
chêne boréal   troncs labours d'automne   chêne
   écarlate   chêne-baiser   chêne des marais fusants
   au sud
constructeur   transport de soif   bloc habitable
   tan des cuirs et des plages

hêtre brous ouverts   faînes épousailles à plumes
châtaignier   marronnier fruiteur aux envols de drapés
  à stries
hêtres filtreurs de vinaigre   fûts à liqueur

j'écris arbre
arbre   bois de loutre et d'ourson
bois de femme et de renard

cerisiers noirs   cerisiers d'octobre à l'année longue
  cerisiers merisiers petits   cerisiers à grappes et
  sauvages   cerisiers à confiture   cerisiers bouche
  capiteuse et fruits bruns   mamelons des amantes

chicots   gymnoclades   fèviers   palettes au
  pinceau picoreur

vinaigrier beau feuillage   vinaigrier   sumac du
  sable et de la pierre

aune à trois feuilles   frère du houblon

orme   acier timide   bois lumineux   orme
  utilitaire   orme aux feuilles d'œuf   scies
grugeuses
  de vent   orme fauve   orme roux orme liège
  arme indécise   arme de cidre et de faiblesse

rosacées
hanches et mousse

cerisiers   pruniers   aubépines
sorbiers
pommetiers nains et sauvages   grisailleurs à crachats
  fleuris   fillettes à la misère amoureuse

décorateur   magnolias   tulipier   sassafras

roi-mage   caravanier d'aromates   encensoir
savonnier

hamamélis coupant le sang des blessures

sorbier des oiseaux   cormier   mascous amers et
   polaires tirant l'amant vers le baiser

pommier croqueur

j'écris arbre   animaux tendres   sauvages
   domestiques

frênes gras   frênes à feuilles de sureau
tilleul tisane de minuit

érables à épis   parachuteurs d'ailes et samares

érable barré   bois d'orignal   nourriture d'été
   fidèle au gibier traqué dans les murs et la fougère
érable à feu   érable argenté   veines bleues dans
   le front des filles
érables à feuilles de frêne   aunes-buis qui poussent
   comme rires et naissent à la course
érable à sucre   érable source

sureau bleu   alouette   sifflet dans les doigts

arbres

les arbres sont couronnés d'enfants
tiennent chauds leurs nids
sont chargés de farine

dans leur ombre la faim sommeille
et le sourire multiplie ses feuilles

PAUL-MARIE LAPOINTE
(Tiré de *Le réel absolu*, © l'Hexagone, 1974)

Présence de l'absence

Tu es né mêlé à moi comme à l'archaïque lumière
                    les eaux sans pesanteur,

Tu es né loin de moi comme au bout du soleil
                    les terres noyautées de feu,

Tu nais sans cesse de moi comme les mille bras des vagues

courant sur la mer toujours étrangère ;

C'est moi ce charroi d'ondes pour mûrir ton destin
                    comme midi au sommet d'une cloche ;

Cette gorgée d'eau qui te livre la cime du glacier,
                         c'est mon silence en toi,

Et c'est le sillage de mon défi cette odeur
                    qui t'assujettit à la rose ;

Cette pourpre dont tu fais l'honneur de ton manteau,
                    c'est le deuil violent de mon départ ;

C'est moi l'amour sans la longue, la triste paix possessive...

Moi, je suis en toi ce néant d'écume, cette levure
                    pour la mie de ton pain ;

Toi, tu es en moi cette chaude aimantation
                    et je ne dévie point de toi ;

C'est moi qui fais lever ce bleu de ton regard
                    et tu couvres les plaies du monde.

C'est moi ce remuement de larmes et tout chemin
                    ravagé entre les dieux et toi.

C'est moi l'envers insaisissable du sceau de ton nom.

Si ton propre souffle te quittait, je recueillerais pour toi
                    celui des morts dérisoires;

Si quelque ange te frustrait d'un désir, ce serait moi la
                    fraude cachée dans la malédiction.

Toi, tu nais sans cesse de moi comme d'une jeune morte,
                    sans souillure de sang;

De ma fuite sont tes ailes, de ma fuite la puissance
                    de ton planement;

De moi, non point l'hérédité du lait, mais cette lèvre
                    jamais sauve du gémissement.

Je suis l'embrasement amoureux de l'absence
            sans la poix de la glutineuse présence.

RINA LASNIER
(Tiré de *Poèmes*, tome 1, © Les Éditions Fides, 1972)

La minute de vérité

L'Homme a pris le cauchemar pour son rêve
    Il a suivi le son du cor
    Gelé le cours de l'eau
    Séché le suc des graines
    Figé le flot du vent
    Inondé le désert
    Brûlé l'arbre à encens
    Étouffé l'Oxygène
    Dépucelé le ciel
    Crevé l'œil de la lune
    Décapé le soleil
    Pillé les vieilles tombes
    Percé tous les volcans
    Élimé la montagne
    Éliminé le temps

L'Homme a oublié la minute
      de vérité

Elle le surprend droit dans le cœur.

MONA LATIF-GHATTAS
(Tiré de *La triste beauté du monde*, © Les Éditions du Noroît, 1993)

Rabatteurs d'étoiles

(Extrait)

Tous mes gris-gris lâchés sur le vent
les yeux brûlés par le vif horizon
j'attendrai comme un mât totémique
le défilé des ombres au-dessus de ma tête
le tournoiement des spectres sur le littoral
qu'ils viennent tous qu'ils viennent donc
se haïr en moi qu'ils viennent vociférer
sur mes épaules et capituler dans ma voix
j'attendrai l'insomnie dans les reins
pour que je puisse t'aimer encore
pour que le temps m'appartienne j'attendrai
qu'ils viennent s'anéantir une dernière fois

RACHEL LECLERC
(Tiré de *Rabatteurs d'étoiles*, © l'Hexagone, 2003)

À un vieil arbre

Tu réveilles en moi des souvenirs confus.
Je t'ai vu, n'est-ce pas ? moins triste et moins modeste.
Ta tête sous l'orage avait un noble geste,
Et l'amour se cachait dans tes rameaux touffus.

D'autres, autour de toi, comme de riches fûts,
Poussaient leurs troncs noueux vers la voûte céleste.
Ils sont tombés, et rien de leur beauté ne reste ;
Et toi-même, aujourd'hui, sait-on ce que tu fus ?

Ô vieil arbre tremblant dans ton écorce grise ;
Sens-tu couler encore une sève qui grise ?
Les oiseaux chantent-ils sur tes rameaux gercés ?

Moi, je suis un vieil arbre oublié dans la plaine,
Et, pour tromper l'ennui dont ma pauvre âme est pleine,
J'aime à me souvenir des nids que j'ai bercés.

PAMPHILE LEMAY
(Tiré de *Les Gouttelettes*, Beauchemin, 1904)

La fin des mammifères

(Extrait)

La Terre se tenait droite
dans le temps
et l'espace de sa gravité

Le Soleil agitait une matière première
légère
lourde
selon le jour
selon la nuit

La lumière se perdait
et perdait aussi le temps
de la nature à naître

Trop près
trop loin
le feu prenait place
la glace faisait lieu

Mais la planète se tenait à l'écart de l'extinction

La Terre décimait ses éléments
les terres rares
comme les abondants silences

Plus tard
l'espèce labile polira les dents
de ses ancêtres

À qui appartient
la matière du passé ?

RENAUD LONGCHAMPS
(Tiré de *La fin des mammifères*, © Les Écrits des Forges, 1992)

Entends le cœur

Entends le cœur, engoulevent, sa voix de sourdine
dans les sous-bois et cette longue plainte sans rupture
qu'il murmure entre les côtes.

Entends le cœur, son battement d'ailes sur le rocher
d'éternité et les siècles des siècles qui s'accomplissent
à sa mesure. Ton sang te veille. Aux veines du poignet,
tranquille, ton âme afflue et sans douleur.
Harmonie d'existence. Chant grégorien dans le cloître
de Sylvacane. Rassemble-toi en ce recueillement
de fougères et de fontaines, car soudain le monde est
rassemblé.

Entends le cœur, son mouvement de marée montante
entre les pôles et le silence des grands pays
incandescents.

PAUL CHANEL MALENFANT
(Tiré de *Du seul fait d'exister*, Les Éditions Trait d'Union, 2001,
© Paul Chanel Malenfant)

Speak what

Il est si beau de vous entendre parler
de « La Romance du vin »
et de *L'Homme rapaillé*
d'imaginer vos coureurs des bois
des poèmes dans leurs carquois

nous sommes cent peuples venus de loin
partager vos rêves et vos hivers
nous avions les mots
de Montale et de Neruda
le souffle de l'Oural
le rythme des haïkus

speak what now

nos parents ne comprennent déjà plus nos enfants
nous sommes étrangers
à la colère de Félix
et au spleen de Nelligan
parlez-nous de votre Charte
de la beauté vermeille de vos automnes
du funeste octobre
et aussi du Noblet
nous sommes sensibles
aux pas cadencés
aux esprits cadenassés

speak what

comment parlez-vous
dans vos salons huppés
vous souvenez-vous du vacarme des usines
and of the voice des contremaîtres
you sound like them more and more

speak what now
que personne ne vous comprend
ni à Saint-Henri ni à Montréal-Nord
nous y parlons
la langue du silence
et de l'impuissance

speak what

« productions, profits et pourcentages »
parlez-nous d'autres choses
des enfants que nous aurons ensemble
du jardin que nous leur ferons

délestez-vous de la haire et du cilice
imposez-nous votre langue
nous vous raconterons
la guerre, la torture et la misère
nous dirons notre trépas avec vos mots
pour que vous ne mouriez pas
et vous parlerons
avec notre verbe bâtard
et nos accents fêlés
du Cambodge et du Salvador
du Chili et de la Roumanie
de la Molise et du Péloponnèse
jusqu'à notre dernier regard

speak what

nous sommes cent peuples venus de loin
pour vous dire que vous n'êtes pas seuls.

MARCO MICONE
(Tiré de *Speak what*, © VLB éditeur, 2001)

La marche à l'amour

Tu as les yeux pers des champs des rosées
tu as des yeux d'aventure et d'années-lumière
la douceur du fond des brises au mois de mai
dans les accompagnements de ma vie en friche
avec cette chaleur d'oiseau à ton corps craintif
moi qui suis charpente et beaucoup de fardoches
moi je fonce à vive allure et entêté d'avenir
la tête en bas comme un bison dans son destin
la blancheur des nénuphars s'élève jusqu'à ton cou
pour la conjuration de mes manitous maléfiques
moi qui ai des yeux où ciel et mer s'influencent
pour la réverbération de ta mort lointaine
avec cette tache errante de chevreuil que tu as

tu viendras tout ensoleillée d'existence
la bouche envahie par la fraîcheur des herbes
le corps mûri par les jardins oubliés
où tes seins sont devenus des envoûtements
tu te lèves, tu es l'aube dans mes bras
où tu changes comme les saisons
je te prendrai marcheur d'un pays d'haleine
à bout de misères et à bout de démesures
je veux te faire aimer la vie notre vie
t'aimer fou de racines à feuilles et grave
de jour en jour à travers nuits et gués
de moellons nos vertus silencieuses
je finirai bien par te rencontrer quelque part
bon dieu !
et contre tout ce qui me rend absent et douloureux
par le mince regard qui me reste au fond du froid

j'affirme ô mon amour que tu existes
je corrige notre vie

nous n'irons plus mourir de langueur
à des milles de distance dans nos rêves bourrasques
des filets de sang dans la soif craquelée de nos lèvres
les épaules baignées de vols de mouettes
non
j'irai te chercher nous vivrons sur la terre
la détresse n'est pas incurable qui fait de moi
une épave de dérision, un ballon d'indécence
un pitre aux larmes d'étincelles et de lésions profondes
frappe l'air et le feu de mes soifs
coule-moi dans tes mains de ciel de soie
la tête la première pour ne plus revenir
si ce n'est pour remonter debout à ton flanc
nouveau venu de l'amour du monde
constelle-moi de ton corps de voie lactée
même si j'ai fait de ma vie dans un plongeon
une sorte de marais, une espèce de rage noire
si je fus cabotin, concasseur de désespoir
j'ai quand même idée farouche
de t'aimer pour ta pureté
de t'aimer pour une tendresse que je n'ai pas connue

dans les giboulées d'étoiles de mon ciel
l'éclair s'épanouit dans ma chair
je passe les poings durs au vent
j'ai un cœur de mille chevaux-vapeur
j'ai un cœur comme la flamme d'une chandelle
toi tu as la tête d'abîme douce n'est-ce pas
la nuit de saule dans tes cheveux
un visage enneigé de hasards et de fruits
un regard entretenu de sources cachées

et mille chants d'insectes dans tes veines
et mille pluies de pétales dans tes caresses

tu es mon amour
ma clameur mon bramement
tu es mon amour ma ceinture fléchée d'univers
ma danse carrée des quatre coins d'horizon
le rouet des écheveaux de mon espoir
tu es ma réconciliation batailleuse
mon murmure de jours à mes cils d'abeille
mon eau bleue de fenêtre
dans les hauts vols de buildings
mon amour
de fontaines de haies de ronds-points de fleurs
tu es ma chance ouverte et mon encerclement
à cause de toi
mon courage est un sapin toujours vert
et j'ai du chiendent d'achigan plein l'âme
tu es belle de tout l'avenir épargné
d'une frêle beauté soleilleuse contre l'ombre
ouvre-moi tes bras que j'entre au port
et mon corps d'amoureux viendra rouler
sur les talus du mont Royal
orignal, quand tu brames orignal
coule-moi dans ta palinte osseuse
fais-moi passer tout cabré tout empanaché
dans ton appel et ta détermination

Montréal est grand comme un désordre universel
tu es assise quelque part avec l'ombre et ton cœur
ton regard vient luire sur le sommeil des colombes
fille dont le visage est ma route aux réverbères
quand je plonge dans les nuits de sources
si jamais je te rencontre fille

après les femmes de la soif glacée
je pleurerai te consolerai
de tes jours sans pluies et sans quenouilles
des circonstances de l'amour dénoué
j'allumerai chez toi les phares de la douceur
nous nous reposerons dans la lumière
de toutes les mers en fleurs de manne
puis je jetterai dans ton corps le vent de mon sang
tu seras heureuse fille heureuse
d'être la femme que tu es dans mes bras
le monde entier sera changé en toi et moi

la marche à l'amour s'ébruite en un voilier
de pas voletant par les lacs de portage
mes absolus poings
ah violence de délices et d'aval
j'aime

    que j'aime

           que tu avances

              ma ravie

frileuse aux pieds nus sur les frimas de l'aube
par ce temps profus d'épilobes en beauté
sur ces grèves où l'été
pleuvent en longues flammèches les cris des pluviers
harmonica du monde lorsque tu passes et cèdes
ton corps tiède de pruche à mes bras pagayeurs
lorsque nous gisons fleurant la lumière incendiée
et qu'en tangage de moisson ourlée de brises
je me déploie sur ta fraîche chaleur de cigale
je roule en toi
tous les saguenays d'eau noire de ma vie
je fais naître en toi
les frénésies de frayères au fond du cœur d'outaouais

puis le cri de l'engoulevent vient s'abattre dans ta gorge
terre meuble de l'amour ton corps
se soulève en tiges pêle-mêle
je suis au centre du monde tel qu'il gronde en moi
avec la rumeur de mon âme dans tous les coins
je vais jusqu'au bout des comètes de mon sang
haletant
    harcelé de néant
                et dynamité
de petites apocalypses
les deux mains dans les furies dans les féeries
ô mains
ô poings
comme des cogneurs de folles tendresses

mais que tu m'aimes et si tu m'aimes
s'exhalera le froid natal de mes poumons
le sang tournera ô grand cirque
je sais que tout amour
sera retourné comme un jardin détruit
qu'importe je serai toujours si je suis seul
cet homme de lisière à bramer ton nom
éperdument malheureux parmi les pluies de trèfles
mon amour ô ma plainte
de merle-chat dans la nuit buissonneuse
ô fou feu froid de la neige
beau sexe léger ô ma neige
mon amour d'éclairs lapidée
morte
dans le froid des plus lointaines flammes

puis les années m'emportent sens dessus dessous
je m'en vais en délabre au bout de mon rouleau
des voix murmurent les récits de ton domaine

à part moi je me parle
que vais-je devenir dans ma force fracassée
ma force noire du bout de mes montagnes
pour te voir à jamais je déporte mon regard
je me tiens aux écoutes des sirènes
dans la longue nuit effilée du clocher
    de Saint-Jacques
et parmi ces bouts de temps qui halètent
me voici de nouveau campé dans ta légende
tes grands yeux qui voient beaucoup de cortèges
les chevaux de bois de tes rires
tes yeux de paille et d'or
seront toujours au fond de mon cœur
et ils traverseront les siècles

je marche à toi, je titube à toi, je meurs de toi
lentement je m'affale de tout mon long dans l'âme
je marche à toi, je titube à toi, je bois
à la gourde vide du sens de la vie
à ces pas semés dans les rues sans nord ni sud
à ces taloches de vent sans queue et sans tête
je n'ai plus de visage pour l'amour
je n'ai plus de visage pour rien de rien
parfois je m'assois par pitié de moi
j'ouvre mes bras à la croix des sommeils
mon corps est un dernier réseau de tics amoureux
avec à mes doigts les ficelles des souvenirs perdus
je n'attends pas à demain je t'attends
je n'attends pas la fin du monde je t'attends
dégagé de la fausse auréole de ma vie

GASTON MIRON
(Tiré de *L'homme rapaillé*, © Les Éditions Typo, 1998)

Compagnon des Amériques

Compagnon des Amériques
Québec ma terre amère ma terre amande
ma patrie d'haleine dans la touffe des vents
j'ai de toi la difficile et poignante présence
avec une large blessure d'espace au front
dans une vivante agonie de roseaux au visage

je parle avec les mots noueux de nos endurances
nous avons soif de toutes les eaux du monde
nous avons faim de toutes les terres du monde
dans la liberté criée de débris d'embâcle
nos feux de position s'allument vers le large
l'aïeule prière à nos doigts défaillante
la pauvreté luisant comme des fers à nos chevilles

mais cargue-moi en toi pays, cargue-moi
et marche au rompt le cœur de tes écorces tendres
marche à l'arête de tes dures plaies d'érosion
marche à tes pas réveillés des sommeils d'ornières
et marche à ta force épissure des bras à ton sol

mais chante plus haut l'amour en moi, chante
je me ferai passion de ta face
je me ferai porteur de ton espérance
veilleur, guetteur, coureur, haleur de ton avènement
un homme de ton réquisitoire
un homme de ta patience raboteuse et varlopeuse
un homme de ta commisération infinie
    l'homme artériel de tes gigues
dans le poitrail effervescent de tes poudreries

dans la grande artillerie de tes couleurs d'automne
dans tes hanches de montagnes
dans l'accord comète de tes plaines
dans l'artésienne vigueur de tes villes
devant toutes les litanies
    de chats-huants qui huent dans la lune
devant toutes les compromissions en peaux de vison
devant les héros de la bonne conscience
les émancipés malingres
    les insectes des belles manières
devant tous les commandeurs de ton exploitation
de ta chair à pavé
    de ta sueur à gages

mais donne la main à toutes les rencontres, pays
toi qui apparais
    par tous les chemins défoncés de ton histoire
aux hommes debout dans l'horizon de la justice
qui te saluent
salut à toi territoire de ma poésie
salut les hommes et les femmes
des pères et mères de l'aventure

GASTON MIRON

(Tiré de *L'homme rapaillé*, © Les Éditions Typo, 1998)

Mon bel amour

Mon bel amour navigateur
mains ouvertes sur les songes
tu sais la carte de mon cœur
les jeux qui te prolongent
et la lumière chantée de ton âme

qui ne devine ensemble
tout le silence les yeux poreux
ce qu'il nous faut traverser le pied secret
ce qu'il nous faut écouter
l'oreille comme un coquillage
dans quel pays du son bleu
amour émoi dans l'octave du don

sur la jetée de la nuit
je saurai ma présente
d'un vœu à l'azur ton mystère
déchiré d'un espace rouge-gorge

GASTON MIRON
(Tiré de *L'homme rapaillé*, © Les Éditions Typo, 1998)

L'octobre

L'homme de ce temps porte le visage de la Flagellation
et toi, Terre de Québec, Mère Courage
dans ta Longue Marche, tu es grosse
de nos rêves charbonneux douloureux
de l'innombrable épuisement des corps et des âmes

je suis né ton fils par en haut là-bas
dans les vieilles montagnes râpées du Nord
j'ai mal et peine ô morsure de naissance
cependant qu'en mes bras ma jeunesse rougeoie

voici mes genoux que les hommes nous pardonnent
nous avons laissé humilier l'intelligence des pères
nous avons laissé la lumière du verbe s'avilir
jusqu'à la honte et au mépris de soi dans nos frères
nous n'avons pas su lier nos racines de souffrance
à la douleur universelle dans chaque homme ravalé

je vais rejoindre les brûlants compagnons
dont la lutte partage et rompt le pain du sort commun
dans les sables mouvants des détresses grégaires

nous te ferons, Terre de Québec
lit des résurrections
et des mille fulgurances de nos métamorphoses
de nos levains où lève le futur
de nos volontés sans concessions
les hommes entendront battre ton pouls dans l'histoire
c'est nous ondulant dans l'automne d'octobre
c'est le bruit roux des chevreuils dans la lumière
l'avenir dégagé
                l'avenir engagé

GASTON MIRON
(Tiré de *L'homme rapaillé*, © Les Éditions Typo, 1998)

Répit

Je le pense : ce monde a peu de réalité
je suis fait des trous noirs de l'univers
Parfois quelquefois, en quelque lieu
d'un paysage bouge une splendeur devant soi
qui repose là dans sa migration
et l'amertume d'être un homme se dissipe

GASTON MIRON
(Tiré de *Poèmes épars*, © l'Hexagone, 2003)

Ballade de la soif et de la nuit

Invisible et pourtant toute noire bougeante
une bouche éclatée nous tire par les yeux
petit à petit même en rêvant sur les coussins
nous sommes pompés comme des ventres d'eau
sans que les heures s'allongent ou changent de pas
sans que les femmes rajustent le bougeoir de leur cou
sans que les enfants geignent sous les lits
et plus nous avons soif plus nous sommes bus

j'en connais des amoureux qui pétillaient dans l'aube
se tenant par les cuisses et qui tanguaient
J'en connais des amants qui flambaient par les épaules
et qui ouvraient le jour et qui s'entrebâillaient
un désordre pâle venait par les tentures
leurs bras se desséchaient avec la fin du rire
dans les draps c'était des lèvres démesurées
et plus ils avaient soif et plus ils étaient bus

vous le savez la nuit parfois vous prend comme une griffe
la nuit vous cogne contre des murs dissimulés
vous le savez des membres subtils pénètrent dans vos côtes
vous fendent et vous déboîtent par le bas
le ciel grumeleux claque une langue humide
des arbres se penchent pour lamper
c'est dans vous comme un jardin qui meurt
et plus vous avez soif et plus vous êtes bus

mon cri monte nos cris s'affaissent et se relèvent
nos mains se pendent à votre joue qui se retire
mais comprenez dépêchez-vous d'entendre
car plus nous avons soif plus nous sommes bus

PIERRE MORENCY
(Tiré de *Poèmes (1966-1986)*, © Les Éditions du Boréal, 2004)

J'parl' pour parler

J'parl' pour parler..., ça, je l'sais bien.
Mêm' si j'vous cassais les oreilles,
La vie rest'ra toujours pareille
Pour tous ceux que c'est un' vie d'chien.

J'parl' pour parler pas rien qu'pour moi,
Mais pour tous les gars d'la misère ;
C'est la majorité su' terre.
J'prends pour eux autr's, c'est ben mon droit.

J'parl' pour parler..., j'parl' comm' les gueux,
Dans l'espoir que l'bruit d'mes paroles
Nous engourdisse et nous r'console...
Quand on souffre, on s'soign' comme on peut.

J'parl' pour parler..., ça chang'ra rien !
Vu qu'on est pauvre, on est des crasses
Aux saints yeux des Champions d'la Race :
Faut d'l'argent pour être « homm' de bien ».

J'parl' pour parler..., j'parl' franc et cru,
Parc' que moi, j'parl' pas pour rien dire
Comm' ceux qui parl'nt pour s'faire élire...
S'ils parlaient franc, ils s'raient battus !

J'parl' pour parler... Si j'me permets
De dir' tout haut c'que ben d'autr's pensent,
C'est ma manièr' d'prendr' leur défense :
J'parl' pour tous ceux qui parl'nt jamais !

J'parl' pour parler... Si, à la fin,
On m'fourrre en prison pour libelle,
Ça, mes vieux, ça s'ra un' nouvelle!
L'pays f'rait vivre un écrivain!

JEAN NARRACHE
(Tiré de *J'parl' pour parler*, © l'Hexagone, 1993)

Le Vaisseau d'or

Ce fut un grand Vaisseau taillé dans l'or massif :
Ses mâts touchaient l'azur, sur des mers inconnues ;
La Cyprine d'amour, cheveux épars, chairs nues,
S'étalait à sa proue, au soleil excessif.

Mais il vint une nuit frapper le grand écueil
Dans l'Océan trompeur où chantait la Sirène,
Et le naufrage horrible inclina sa carène
Aux profondeurs du Gouffre, immuable cercueil.

Ce fut un Vaisseau d'or, dont les flancs diaphanes
Révélaient des trésors que les marins profanes,
Dégoût, Haine et Névrose, entre eux ont disputés.

Que reste-t-il de lui dans la tempête brève ?
Qu'est devenu mon cœur, navire déserté ?
Hélas ! Il a sombré dans l'abîme du Rêve !

Émile Nelligan
(Tiré de *Poésies complètes*, Les Éditions Fides, coll. « Biblio-Fides », 2012)

Soir d'hiver

Ah! comme la neige a neigé!
Ma vitre est un jardin de givre.
Ah! comme la neige a neigé!
Qu'est-ce que le spasme de vivre
À la douleur que j'ai, que j'ai!

Tous les étangs gisent gelés,
Mon âme est noire : où vis-je ? où vais-je ?
Tous ses espoirs gisent gelés :
Je suis la nouvelle Norvège
D'où les blonds ciels s'en sont allés.

Pleurez, oiseaux de février,
Au sinistre frisson des choses,
Pleurez, oiseaux de février,
Pleurez mes pleurs, pleurez mes roses,
Aux branches du genévrier.

Ah! comme la neige a neigé!
Ma vitre est un jardin de givre.
Ah! comme la neige a neigé!
Qu'est-ce que le spasme de vivre
À tout l'ennui que j'ai, que j'ai!...

ÉMILE NELLIGAN
(Tiré de *Poésies complètes*, Les Éditions Fides, coll. «Biblio-Fides», 2012)

La romance du vin

Tout se mêle en un vif éclat de gaîté verte.
Ô le beau soir de mai! Tous les oiseaux en chœur,
Ainsi que les espoirs naguères à mon cœur,
Modulent leur prélude à ma croisée ouverte.

Ô le beau soir de mai! le joyeux soir de mai!
Un orgue au loin éclate en froides mélopées;
Et les rayons, ainsi que de pourpres épées,
Percent le cœur du jour qui se meurt parfumé.

Je suis gai! je suis gai! Dans le cristal qui chante,
Verse, verse le vin! verse encore et toujours,
Que je puisse oublier la tristesse des jours,
Dans le dédain que j'ai de la foule méchante!

Je suis gai! je suis gai! Vive le vin et l'Art!...
J'ai le rêve de faire aussi des vers célèbres,
Des vers qui gémiront les musiques funèbres
Des vents d'automne au loin passant dans le brouillard.

C'est le règne du rire amer et de la rage
De se savoir poète et l'objet du mépris,
De se savoir un cœur et de n'être compris
Que par le clair de lune et les grands soirs d'orage!

Femmes! Je bois à vous qui riez du chemin
Où l'Idéal m'appelle en ouvrant ses bras roses;
Je bois à vous surtout, hommes aux fronts moroses
Qui dédaignez ma vie et repoussez ma main!

Pendant que tout l'azur s'étoile dans la gloire,
Et qu'un hymne s'entonne au renouveau doré,
Sur le jour expirant je n'ai donc pas pleuré,
Moi qui marche à tâtons dans ma jeunesse noire!

Je suis gai! je suis gai! Vive le soir de mai!
Je suis follement gai, sans être pourtant ivre!...
Serait-ce que je suis enfin heureux de vivre;
Enfin mon cœur est-il guéri d'avoir aimé?

Les cloches ont chanté; le vent du soir odore...
Et pendant que le vin ruisselle à joyeux flots,
Je suis si gai, si gai, dans mon rire sonore,
Oh! si gai, que j'ai peur d'éclater en sanglots!

ÉMILE NELLIGAN
(Tiré de *Poésies complètes*, Les Éditions Fides, coll. «Biblio-Fides», 2012)

La passante

Hier, j'ai vu passer, comme une ombre qu'on plaint,
En un grand parc obscur, une femme voilée :
Funèbre et singulière, elle s'en est allée,
Recélant sa fierté sous son masque opalin.

Et rien que d'un regard, par ce soir cristallin,
J'eus deviné bientôt sa douleur refoulée ;
Puis elle disparut en quelque noire allée
Propice au deuil profond dont son cœur était plein.

Ma jeunesse est pareille à la pauvre passante :
Beaucoup la croiseront ici-bas dans la sente
Où la vie à la tombe âprement nous conduit ;

Tous la verront passer, feuille sèche à la brise
Qui tourbillonne, tombe et se fane en la nuit ;
Mais nul ne l'aimera, nul ne l'aura comprise.

ÉMILE NELLIGAN
(Tiré de *Poésies complètes*, Les Éditions Fides, coll. « Biblio-Fides », 2012)

Lignes aériennes

(Extrait)

Il arrive, l'automne,
que la lumière s'effeuillant
de partout à la fois,
gaspillant son espace,
nous rappelle à nous-mêmes
et au matin dans l'aphasie
d'un grand départ on se trouve exposés
à un destin sans rues ni routes
face à des portes qui n'ont plus de gonds,
se sachant désormais
au nord extrême de l'esprit
on espère un signe parmi les murs blancs,
le temps ne coule plus de source
mais de son couteau fin nous découpe,
en nous rien qui tienne sinon
la grande ossature des plans de vie,
la carrure des passions anciennes,
l'écran noir des crucifixions,
comme une empreinte mentale dans l'immensité
sans laquelle nous aurions l'impression
d'être seuls et privés de poids
dans l'envol même d'exister.

PIERRE NEPVEU
(Tiré de *Le sens du soleil*, © l'Hexagone, 2005)

Les heures

(Extraits)

Il y avait bien
un centre en lui,
mais au-dessus du visage,
comme en suspens,
à peine une flamme.
La pensée du silence
éloignait le bruit.
L'agonie semblait longue
pour un corps
si totalement abandonné.
Rien n'était encore
tout à fait aboli.
Sans doute formait-il
en lui-même des figures ?
Ou même essayait-il
une autre verticalité ?
Ce n'était pas à nous
à le traquer
dans ses secrets,
à rivaliser
avec l'éternité.
L'invisible était
fortement agité.
En travail tenace.
Tout était commencé.
Devant nos yeux
les mondes se le disputaient.

[...]

La poussière du soleil,
auprès de lui,
tempérait sa mort.
Il semblait caressé
une dernière fois
par la beauté du monde.
Le niveau de silence
montait d'autant.
Surtout après l'exaspération
des stridences
et des alarmes.
Nous étions mûrs
pour un dernier échange.
Chacun bien resserré
autour de son propre souffle.
Nous étions
de quelque façon
subitement résumés.
Nos ombres
n'iraient pas plus loin.
Il n'y avait aucun geste
possible.
Toutes les avenues
ne se déroulaient plus
que vers nous.
Son absence commençait
à nous rejoindre.
Nous devenions plus légers,
comme s'il nous avait entraînés
un court chemin avec lui.

[...]

Nous ne pouvons
plus reculer.
La vie nous tient
jusqu'au silence.
Le périple commence
toujours par l'abîme.
Par la révélation
du vide,
la chute entière
dans la solitude.
C'est à cette vitesse
ténébreuse
que nous consumons
les désirs.
Que nous trouvons
l'espace
qui a la vastitude
lumineuse
de la démesure parfaite.
Là seulement
les morts nous aideront
à naître.
Enfin
nous serons coupés
des divagations,
des miroirs,
des échéances suffocantes.

FERNAND OUELLETTE
(Tiré de *Les heures*, © l'Hexagone, 1988)

Poids d'angoisse

La terre s'ouvre sous mon poids d'angoisse
elle tremble sous moi elle a montré
son ventre rugissant et sa nuit noire
et je vois s'enliser les peupliers
Je ne puis supporter que la lumière
s'éteigne et m'abandonne à mourir
qu'elle ne lacère plus le chemin
qu'elle ne distingue plus la maison
où j'avais des fleurs où j'avais des chambres
des cerceaux d'enfants suspendus partout
des seaux qui grinçaient remplis d'eaux de pluie
J'écoute battre en moi un cœur étrange
qui me frappe au cœur mille fois trop fort
toute chair chancelle et l'âme elle-même
est ce ravin fou qui gronde et qui roule
dans le sein des fleuves désespérés
Vous aviez un nom, même votre songe
traçait des anneaux des dessins parfaits
des cris familiers jaillissaient du monde
et vous habitiez le temps des mourons
La terre sous moi se creuse une tombe
— ses effrois géants brisent le silence —
vous chasse à longs cris, cède sous vos pas
elle vous reprend au fond de son ventre
vous berce et vous tord, vous arrache à l'herbe

aux hortensias aux pluies et aux femmes
au sommeil léger des veilles d'automne
quand on craint pour soi les voleurs de pommes
La terre trahit les noms et les formes
vous changez de chair et tournerez cendres
sans m'avoir laissé le temps d'oublier
la face inconnue qu'elle et vous trompiez.

SUZANNE PARADIS
(Tiré de *Pour les enfants des morts*, Garneau, 1964, © Suzanne Paradis)

Bilan

j'avais dans mes mains
plus qu'une vie, mieux qu'un rêve,
plus que beaucoup de paroles précieuses...
est-ce qu'on peut savoir ce qu'on a ?

j'avais dans mon sang
une rivière qui ne se retourne pas
tout le long de moi-même...
est-ce qu'on peut savoir la rivière ?

j'avais dans ma tête
le beau navire d'inquiétudes

la rivière et les soleils ont passé
entre les doigts de ma chanson
je n'ai pas préservé une saison
je n'ai pas sauvé une parole

est-ce qu'on peut retenir l'eau ?
peut-on savoir qu'elle passera ?
j'habite désormais les silences
et tout ce qui me reste à dire

car les fleurs sont l'enfance des fruits

PIERRE PERRAULT
(Tiré de *Chouennes*, © l'Hexagone, 1975)

À ton pouvoir

Le ciel reposerait sur ton front
mais tu vas sans un trèfle de sagesse
sans devancer les ombres.

À deux pas d'un fleuve qui s'avance
se jette dans tes solitudes
tu milites pour la fin du monde.

Homme sur les quais de l'attente
implorant les vents les météorologues
et les navires repartent avec le fleuve.

Sourcier jusqu'aux étoiles
des assoiffés des chercheurs des illuminés
t'attendent avec ta baguette de coudrier.

LUC PERRIER
(Tiré de *Champ libre*, © Les Éditions du Noroît, 1994)

Bornes

Nous ignorons la paix étale de la plaine
Où l'optique lassée retrouve sa splendeur;
Nous ignorons les champs, la montagne hautaine
Où l'âme se mesure aux grandes profondeurs.

La forêt, sous nos pas, n'exhale qu'une plainte
De rameaux desséchés et de feuillages morts;
La source n'a de voix qu'une longue complainte
Offerte à l'inconnu qui souille ses abords.

Nous ignorons la mer et l'éternel délire
De l'onde et de l'azur mêlant leurs infinis;
Nous ignorons l'espace où plonge le navire
Comme un astre lancé dans son orbe inouï.

Rejetons des cités, bourgeons de la muraille:
Notre tige a percé l'asphalte et le béton,
Et la pousse chétive, au sein de la rocaille,
A puisé la saveur âcre de ses boutons.

Nous avons épaulé, ganglions des routines,
Les rouages obscurs de nos mesquins quartiers
Pour garder au secret de notre humble officine
Les parfums enfouis aux vases du bourbier.

Incline ton caprice, ô passant éphémère!
Sur l'arbuste tiré de la ronce et la nuit:
L'ombre qui dort en toi est la rose amère
Qu'il faut assécher pour te livrer ses fruits.

ALPHONSE PICHÉ
(Tiré de *Poèmes 1946-1968*, © l'Hexagone, 1976)

Pieds et poings liés

Terre de mes premiers gestes
De mes désirs inavoués
Devenus maintenant saines réalités
Je te salue du toit de ma liberté
Belle idole et santé
Tour à tour complaisante et rebelle
Lumineuse et fulgurante
Ta durée est la mienne
Malgré tes visages changeants
Je sais te reconnaître
À travers les pluies les neiges et les brouillards
Ô mon enfance gâchée

Terre
Fais-moi entendre les purs cris des bêtes
La complicité des fleurs
Qui colorent la jouissance des corps
L'appel du sable étranger
Auprès des marcheuses alanguies
Posées là comme les bornes du plaisir

Terre
Je te salue pour le corps de la femme
Pour ses fruits hallucinants
Partagés par sa hanche
Sur laquelle je grave la ferveur de mon amour
Pour compléter mon destin
Et retrouver le nom même de mon sang
Inscrit au jour de ma naissance

Cris et aveux
Paroles essentielles
Mes mains retiennent sous mes yeux
Les visages de la terre
Ivres et violents
Et voici que se détache de l'arbre
Une feuille
Avec un souvenir dans ses veines

Terre des naissances prochaines
Et des douces découvertes
J'oublie les tombeaux de glace
J'accueillerai ici
Les orages et les arcs-en-ciel

JEAN-GUY PILON
(Tiré de *Comme eau retenue*, © Les Éditions Typo, 1985)

Vers quelque

(Extrait)

sommes nombreux à être seul
un peu nulle part   en même temps
avec chacun un bout d'univers dans le regard
nous versons les éclats du monde à notre manière
dans le plus terrible des secrets
notre crâne   au creux d'un oreiller
imprégné à l'excès

DANNY PLOURDE
(Tiré de *Vers quelque*, © l'Hexagone, 2005)

Tu es né en pleine nuit
en pleine mer

Tu es né en pleine nuit en pleine mer
parmi des millions de pieuvres noires
et pour revenir à la vie tu dois boire
toutes les larmes de tous les enfants de l'océan
un nouveau-né en haut de l'escalier vacille
papillonnant comme un condamné à mort
puis toute la vie l'échappe et chaque marche
le frappe au cœur puis à la tête
il se noie dans les algues et les prières
ne respire plus tout près du sol
où l'on meurt résolument

parmi les rouilles les désespérés les éviscérés
l'océan noir à la fin de l'escalier le recrache
son corps se relève seul parmi les revenants
il a toutes les lumières du monde
les yeux secs des enfants terribles
je lui lave les joues avec ma salive
il ressuscite et portera le monde

Jean-François Poupart
(Tiré de *Tombe Londres Tombe*, © Les Éditions Poètes de Brousse, 2006)

Cachot

Dans le noir pur
au fond du trou
sans pain sans eau
enchaîné à la pierre humide
menacé par ses propres organes
par ses propres sens
seul dans sa tête
à rêver de mèches brunes
d'un murmure rouge
d'un parfum d'or
à guetter infiniment
le moindre bruit
parmi des tonnes de silence
et des secondes très élastiques
parce que ce serait un signe
qu'elle existe pour vrai
quelque part
la vie

BERNARD POZIER
(Tiré de *Naître et vivre et mourir*, © Les Écrits des Forges, 2003)

Habitez-moi

(Extraits)

Habitez-moi,
Terre meurtrie
et presque aussi belle qu'un sein rond
presque aussi beau que toi,
Terre frêle comme un sein
sous le couteau de l'assassin.

Habitez-moi   femmes du Monde,
pâles   noires ou brunes.
Donnez-moi une étincelle
de votre beauté,
que je m'en aille par les chemins
comme vos chantres d'autrefois
partager les merveilles
avec mes frères et même ceux qui le sont moins.

Toi   l'arbre là-bas
Qui s'enracine dans mes veines,
me hante depuis des siècles,
m'enseigne les saisons de la patience.

Viens par ici   l'arbre là-bas.
J'irai vers toi   t'épouserai,
depuis le sacré de tes racines
jusqu'à ton faîte qui jubile
de brise et de soleil et de pluie.
Viens par ici,
j'irai vers toi mêler nos sèves.

Et nous éclaterons comme nos frères météores,
nous exploserons du chant premier
des sources furibondes.

[...]

Habitez-moi
parmi les ruines à venir
et l'avenir derrière nous.

Habitez-moi
toutes les vies et toutes les morts,
tous les vivants et disparus
de tous les temps.
Et ceux qui viendront demain
avec des saintes faces,
et les autres qui viendront bientôt
avec des têtes de mort.

Habitez-moi.

[...]

Habitez-moi   vous tous,
que je meure sans mourir
dans un brasier de joie,
aux confins éclatés
de ma prise de parole
enfin délivrée de son poids mortel
et réduite pour vous
en cendres fécondes.

Vous tous   habitez-moi,
que je m'en aille un jour,
porteur de vos jardins précieux
et de vos ruines,

dans l'enchantement ultime
et mon dernier regard
obstinément fixé
au cœur même du soleil.

Habitez-moi
jusqu'à la mort du monde
où nous ne serons plus   vous et moi,
que traces peut-être.

[...]

Terres stériles
et terres trop meubles,
exténuées de nourrir
leurs guerriers.

Habitez-moi
de vos déserts
et de vos sources encore vierges
et de vos fleuves assassinés
par des hommes sans tête,
décapités du sol et de l'eau.

Habitez-moi,
déserts sanglants,
sables de mort hérissés d'armes
au lieu d'une fraîcheur de puits,
inondés de pétrole et de sang
au lieu de sources harnachées,
et de champs de mines au lieu de jardins.

[...]

Habitez-moi sans m'habiter,
haines sanglantes,

guerres du dedans,
suicides creux
dans l'aube noire
où nul soleil jamais
n'éclate de sa joie
pour celui qui n'en peut plus
de marcher   marcher,
sans halte ni repos,
aveugle de lui-même.

[...]

Habitez-moi,
toutes choses et toutes espèces
vivantes et mortes
de tous les âges,
toutes choses splendides et sordides,
avant que je bégaie d'enchantement
ou peut-être m'égare à nouveau
dans l'angoisse et la stupeur,
horreurs et merveilles.

[...]

Logez en moi
comme on habite
le pays vivace
qui jamais ne dort
sous la peau des femmes,
et des gerbes secrètes
au sein des sols,
aussi beaux et délicieux
que la peau des femmes
pour l'humus de nos mains

en mal de caresses
et d'enfants plus beaux
que gerbes pleines.

Habitez-moi
que je me taise,
n'en pouvant plus de vous aimer.

YVES PRÉFONTAINE
(Tiré de *Être-Aimer-Tuer*, © l'Hexagone, 2001)

Émotion

Je tourne mes regards vers l'espace là-bas,
Je songe à ces beautés que je ne verrai pas.
Que de brûlants midis étendus sur les plaines,
Ruisselants de rayons comme l'eau des fontaines,
Que d'enivrants bonheurs, répandus à foison
Qui viendraient, s'assoieraient au seuil de ma maison !
Je n'aurais pas besoin d'aller jusqu'à ma porte,
Le jour prodiguerait une chaleur si forte,
Le soleil danserait dans de si clairs rayons,
Animant les jardins, mûrissant les brugnons,
Qu'il entrerait ainsi, par mes fenêtres closes,
Un long frisson de vie, un murmure de roses.
Le soir s'embaumerait aux fleurs des résédas,
Et serait bruissant comme du taffetas.
Avec tant de lenteur, viendrait le crépuscule,
Qu'on croirait entrevoir l'infini qui recule
Et se recueille, avant de presser dans ses bras,
L'horizon qui s'émeut, s'approche, pas à pas.
Que d'appels oppressés, de frissons, de musique,
Éperdus, haletants comme un plaisir physique,
Quelle épuisante extase et quel troublant émoi,
Dans les soirs accablés, monteraient jusqu'à moi !...
Mais j'irais, me cachant dans la nuit, sous ses voiles,
Dérober le repos immortel des étoiles,
Et je ne serais plus qu'un doux astre qui luit,
Quand elles pâliraient de langueur dans la nuit...

Éva Senécal
(Tiré de *La course dans l'aurore*, La Tribune, 1929)

La troisième adresse

La première adresse est la plus facile à trouver,
elle vous vient finalement à l'esprit sans effort
alors que vous montez dans le taxi,
et vous conduit à une allure folle
dans le labyrinthe des rues de cette ville familière
devenue étrangement sinistre,
où les numéros de la rue sont comme de petites lunes
au-dessus de l'horizon du pare-brise.

C'est différent avec la deuxième.
Maintenant vous devez vous arrêter à la fontaine,
errer sans but tandis que le conducteur vous attend :
les noms de rues, les numéros
surgissent, présences furtives parmi les ombres
comme des chats de gouttière, comme des rebuts de
    journaux
soufflés par le vent,
et des clichés éparpillés —
jusqu'à ce que, des heures plus tard, vous la trouviez
après l'avoir pourchassée dans votre mémoire, l'attrapant
    au vol,
et qu'elle s'impose à vous d'un coup.

La troisième adresse, c'est une autre histoire.
Elle vous échappe toujours,
présence cachée, elle vous nargue,
visible mais fuyante, elle vous torture.
Vous n'avez d'autre choix
que de renvoyer le taxi et de reprendre vos esprits
si vous devez encore la chercher.
La troisième adresse est le mythe essentiel.
C'est là où vous ne vivez jamais.

DAVID SOLWAY
(Tiré de *Poèmes choisis 1963-2003*, traduction de Yves Gosselin
© Les Éditions du Noroît, 2004)

Rue pétrole-océan

(Extrait)

mais vraiment
avez-vous déjà dilapidé votre chaleur
un soir de pleine lune

armé jusqu'au sang de cette brutale inanité
vaine luxuriante gonflée métal lourd
bien droite dans le nerf du cou

avez-vous une seule fois ramassé des cadavres de spectres
lors des ouragans de feux d'alcools
grimacés endoloris
rappelez-vous
vous appreniez encore à écrire
sans vous en rendre compte

alors
les spasmes reflétaient
la juste douleur de vivre
parce que inhérente aux soirées Clair de lune
rendez-vous des rêves cassés
édités en sections sanglantes
que l'été apporte parfois rue des Chocs

existait aussi la vérité inadmissible
du possible de vivre hors de soi

TONY TREMBLAY
(Tiré de *Rue pétrole-océan*, © l'Hexagone, 2004)

La terre est ici

(Extraits)

18

La maison se remplit de corps et de ciels. Des
marins attendent et ne le savent pas, des amants
retrouvent la voix. Les insectes prennent soin de
nous ; ils écrivent pendant que nous dormons. Un
matin, une porte s'ouvre dans le paysage. Il suffit
de rester là, de regarder l'éternité et d'être un
marin devant la tempête. Nos mains sont
admirables et seules. Il n'y a plus rien d'exact. La
douceur atteint notre visage et nous perdons notre
souffle.

41

Le matin commence par ce que nous déposons au
pied de notre lit : rêves, enfant silencieuse avec
notre visage. La tristesse nous vient de partout.
Nous nous levons, un peu ravagés, avalés par le
nord. Nous disons *noir* pour le jour, *gris* et *bleu*
pour la lumière. Nous croyons voir quelque chose
à travers les montagnes et là-bas, au-delà de la
plaine. Nous croyons voir la mer qui descend.
C'est ainsi pour nous tous. Après, nous ne savons
plus. Nous ignorons ce qui se passe devant une si
vieille tristesse.

47

Nous regardons les livres, le ciel fermé. Champ de
blocs, champ de pierres, murailles de cirque. Les
cœurs sont souvent malades et tout disparaît avec
un peu de couleur sous la pluie. Dehors, nous
crions *congé, guerre*: nous ramassons la poudre et les
visages qui traînent. Ensuite, plus calmes, nous
refermons le ciel, et la porte. Nous sommes là
pour planter notre cœur dans la nuit. Nous disons
sans cesse *la nuit, le jour*: le dire nous semble aussi
beau qu'une histoire du désert. Mais rien ne
console. C'est ainsi que la boue se casse entre nos
mains. Que les histoires sont perdues dans le
temps.

ÉLISE TURCOTTE
(Tiré de *La terre est ici*, © Les Éditions du Noroît, 2003)

Il existe pourtant des pommes et des oranges...

Il existe pourtant des pommes et des oranges
Cézanne tenant d'une seule main
toute l'amplitude féconde de la terre
la belle vigueur des fruits
Je ne connais pas tous les fruits par cœur
ni la chaleur bienfaisante des fruits sur un drap blanc

Mais des hôpitaux n'en finissent plus
des usines n'en finissent plus
des files d'attente dans le gel n'en finissent plus
des plages tournées en marécages n'en finissent plus

J'en ai connu qui souffraient à perdre haleine
n'en finissent plus de mourir
en écoutant la voix d'un violon ou celle d'un corbeau
ou celle des érables en avril

N'en finissent plus d'atteindre des rivières en eux
qui défilent charriant des banquises de lumière
des lambeaux de saisons   ils ont tant de rêves

Mais les barrières   les antichambres n'en finissent plus

Les tortures   les cancers n'en finissent plus
les hommes qui luttent dans les mines
aux souches de leur peuple
que l'on fusille à bout portant
en sautillant de fureur
n'en finissent plus de rêver couleur d'orange

Des femmes n'en finissent plus de coudre des hommes
et des hommes de se verser à boire

Pourtant malgré les rides multipliées du monde
malgré les exils multipliés
les blessures répétées
dans l'aveuglement des pierres
je piège encore le son des vagues
la paix des oranges

Doucement Cézanne se réclame de la souffrance du sol
                              de sa construction
et tout l'été dynamique s'en vient m'éveiller
s'en vient doucement   éperdument me léguer ses fruits

MARIE UGUAY

(Tiré de *Poèmes*, © Les Éditions du Boréal et Stéphan Kovacs, 2005)

Quand demeure

(Extrait)

Quand l'étrange l'étranger
Quand demeure
Quand l'ami l'étrange
Quand le corps vivace
Quand l'affable l'estimable
Toi vous peut-être moi
Quand demeure ici
Quand le vent
Quand l'ardent
L'aube le temps le chant
Attendent mais demeurent
Quand la frange est dépliée
Et que vient l'étonnement
Vers le passage
Quand un semeur de temps

Quand
Ce n'est pas là
Quand
Ce n'est pas dit
Quand demain à présent
Quand il faut le dire
Quand il faut dire ce qui fait vivre
Quand sinon on ne vit pas
Si on ne dit pas on ne vit pas
Si et quand ne dites-vous

Quand demeure l'étrange
Quand demeure l'ami

Quand l'étrange est un recours
Ou un courage l'étranger
Quand demeure et passe
Quand est là quand va
Quand abrase l'écrasement
Quand halète sur l'empan
Grigne griffe glisse
Quand défend une brise
Comme étui de clarté
Quand ɛ'éprend
Quand embrasse
Quand la main
Quand la vague

Nous irons vers l'éclat de langue
Vers l'éclatant mais le débris
L'éclatant le vaste ou l'infime
Le très vaste et le détail
Un luxe mais l'important
Nous n'avons plus de temps
Nous n'avons plus le temps
Je le cède à l'étrange
Quand une lumière attend
                je la dessine

MICHEL VAN SCHENDEL
(Tiré de *Quand demeure*, © l'Hexagone, 2003)

Un regret

Laisse-le
Il vient
Laisse-lui
La pluie le printemps le buis l'ombre
Laisse l'étreinte et l'ombre aux mots
Laisse à leurs voix la rue et l'enfant
Laisse à cet homme le repos
Laisse-le
Laisse-nous

Laisse les mots au temps
Laisse l'ombre s'éblouir
Ne l'éreinte pas
Laisse le jour entrer
Laisse l'aube à l'ami

Laisse l'empreinte sur la peau
Laisse l'eau venir aux mains
Laisse l'oubli aux morts
Souviens-toi
Laisse à la poussière la devise qui le dit
Un mot d'ordre le floue
Laisse le doigt dessiner
Le midi de l'os le vif et la mémoire

Laisse la hache et le bruit
Laisse la tête détruite
Laisse à la boue celui qui l'a détruite
Écarte-les
Laisse un fusil se tourner contre lui

Laisse transi l'artificier
Laisse au rebut les désirs d'éboulis

Laisse l'enfant près du mourant
Qu'il grandisse et l'enseigne le remplace
Qu'il l'augmente et l'écoute le récite
Laisse-le prendre la route
Semer le vent

Laisse vivre
Assèche le sel
Laisse la sève
Laisse un rosier près de la vigne
Laisse le sang monter aux joues
Laisse les yeux former le mur
Laisse la rue quêter les fleurs

Et regrette
De ne pouvoir être
À la ville et au moulin
Au four et aux charmilles
Au mors aux caresses à la mer
Quand il les faut en même temps
Regrette
La pierre et le laurier jetés aux cendres
Regrette
La persistance des grilles

Regrette
De ne pas être entendu quand tu le cries
Regrette
L'arbre et la feuille
Les mains posées
La fenêtre au vent
Une porte entrebâillée
Regrette
Mains et mondes
Demande encore le détendu

MICHEL VAN SCHENDEL
(Tiré de *Mille pas dans le jardin font aussi le tour du monde*,
© l'Hexagone, 2005)

Ne quitte pas mon désir

Que je crains, mon amour, la frauduleuse nuit
Où les feuillages vont bouger comme une peine
Qui saurait mendier ta pitié pour appui !
Ne t'en va pas, attends qu'une heure plus sereine
De son aube d'oiseaux accompagne tes pas.
Attends l'abeille dont le désir volontaire
Trouble les fleurs où son plaisir s'assouvira,
Quand avec l'horizon l'épaule de la terre
Étaye le fardeau d'un ciel mûr de soleil.
Ne t'en va pas déjà, ne quitte pas mon rêve
Et mon cœur plein de toi, qui n'ont pas de sommeil.
Ma tendresse, ainsi qu'un flot d'azur, se soulève :
Non, tu n'as pas encor tout pris de mon regard.
Écoute mon bonheur te parler à voix basse,
Avec des mots pressés, si follement épars
Que tu croiras peut-être à des ailes qui passent.
Je te dirai : « Le jour qui te sembla défunt
Se cache dans ma joie, et ma chair te dévoile
Un buisson de désirs dansants comme un parfum
Sur qui s'est abattu le songe d'une étoile. »
Je dirai : « Mon amour, tremblez et souriez
De voir sourdre des pleurs de mon âme ravie,
Et soyez plein d'orgueil d'un cœur supplicié
Qui hors de vous ne sait plus bien ce qu'est la Vie ! »

Vous êtes ma douceur, ma folie et mon chant ;
Bientôt j'étoufferai cette peine caduque
Dont vos yeux ont parfois le souvenir mordant. »
Puis je refermerai mes deux bras sur ta nuque,
Si passionnément qu'alors tu comprendras
Le déchirant appel de mon être qui t'aime,
Et le rêve infini du triste et doux poème
De mon cœur, qui soudain à tes pieds croulera !

MEDJÉ VÉZINA
(Tiré de *Chaque heure a son visage*, © Les Herbes rouges, 1999)

Les gens de mon pays

Les gens de mon pays
Ce sont des gens de paroles
Et gens de causerie
Qui parlent pour s'entendre
Et parlent pour parler
Il faut les écouter
C'est parfois vérité
Et c'est parfois mensonge
Mais la plupart du temps
C'est le bonheur qui dit
Comme il faudra de temps
Pour saisir le bonheur
À travers la misère
Émaillée au plaisir
Tant d'en rêver tout haut
Que d'en parler à l'aise

Parlant de mon pays
Je vous entends parler
Et j'en ai danse aux pieds
Et musique aux oreilles
Et du loin au plus loin
De ce neigeux désert
Où vous vous entêtez
À jeter des villages
Je vous répéterai
Vos parlers et vos dires
Vos propos et parlures
Jusqu'à perdre mon nom

À voix tant écoutées
Pour qu'il ne reste plus
De moi-même qu'un peu
De votre écho sonore

Je vous entends jaser
Sur les perrons des portes
Et de chaque côté
Des cléons des clôtures
Je vous entends chanter
Dans la demi-saison
Votre trop court été
Et mon hiver si long
Je vous entends rêver
Dans les soirs de doux temps
Il est question de vents
De vente et de gréements
De labours à finir
D'espoir et de récolte
D'amour et du voisin
Qui va marier sa fille

Voix noires, voix durcies
D'écorce et de cordage
Voix des pays plain-chant
Et voix des amoureux
Douces voix attendries
Des amours du village
Voix des beaux airs anciens
Dont on s'ennuie en ville
Piailleries d'écoles
Et palabres et sparages
Magasin général

Et restaurant du coin
Les ponts, les quais, les gares
Tous vos cris maritimes
Atteignent ma fenêtre
Et m'arrachent l'oreille

Est-ce vous que j'appelle
Ou vous qui m'appelez
Langage de mon père
Et patois dix-septième
Vous me faites voyage
Mal et mélancolie
Vous me faites plaisir
Et sagesse et folie
Il n'est coin de la terre
Où je ne vous entende
Il n'est coin de ma vie
À l'abri de vos bruits
Il n'est chanson de moi
Qui ne soit toute faite
Avec vos mots, vos pas
Avec votre musique

Je vous entends rêver
Douce comme rivière
Je vous entends claquer
Comme voile du large
Je vous entends gronder
Comme chute en montagne
Je vous entends rouler
Comme baril de poudre
Je vous entends monter
Comme grain de quatre heures

Je vous entends cogner
Comme mer en falaise
Je vous entends passer
Comme glace en débâcle
Je vous entends demain
Parler de liberté

GILLES VIGNEAULT
(Tiré de *Les gens de mon pays*, © Les Éditions Le Vent qui vire, 1965)

La lumière, l'arbre, le trait

(Extrait)

Recouvre-moi d'abandon
d'automne et d'oubli
mais n'efface plus mon front
vers lequel ta bouche s'avance
ne rature ni la blessure
ni l'élan
ni l'ovale blessé de ton visage
ne jette plus ta main dans l'ombre
tandis que je la regarde
triste de ne pouvoir
la prendre et la garder

Le monde tiendra tout entier
dans l'aube des gris et des ocres
les premières lueurs émergeront
du tapis, de l'échiquier, des livres
avant que d'autres voix n'arrivent
avec d'autres ciels, d'autres foudres
et jettent de petites choses
brillantes et pures
au fond de ta nuit
comme au théâtre
d'épaisses étoffes glisseront
pour envelopper les blessures
la chaise se détachera du mur

la forme défaite de ta robe
te suivra et ta veste
et le dehors de pluie
le bois à sécher
les feuilles mortes
la buée dans les vitres
les pattes de l'insecte accroché au rideau
tout rentrera dans l'ordre
dans le fracas de l'eau

LOUISE WARREN
(Tiré de *Une collection de lumières*, © Les Éditions Typo, 2005)

Table des poètes et des poèmes